INVENTAIRE
734.513

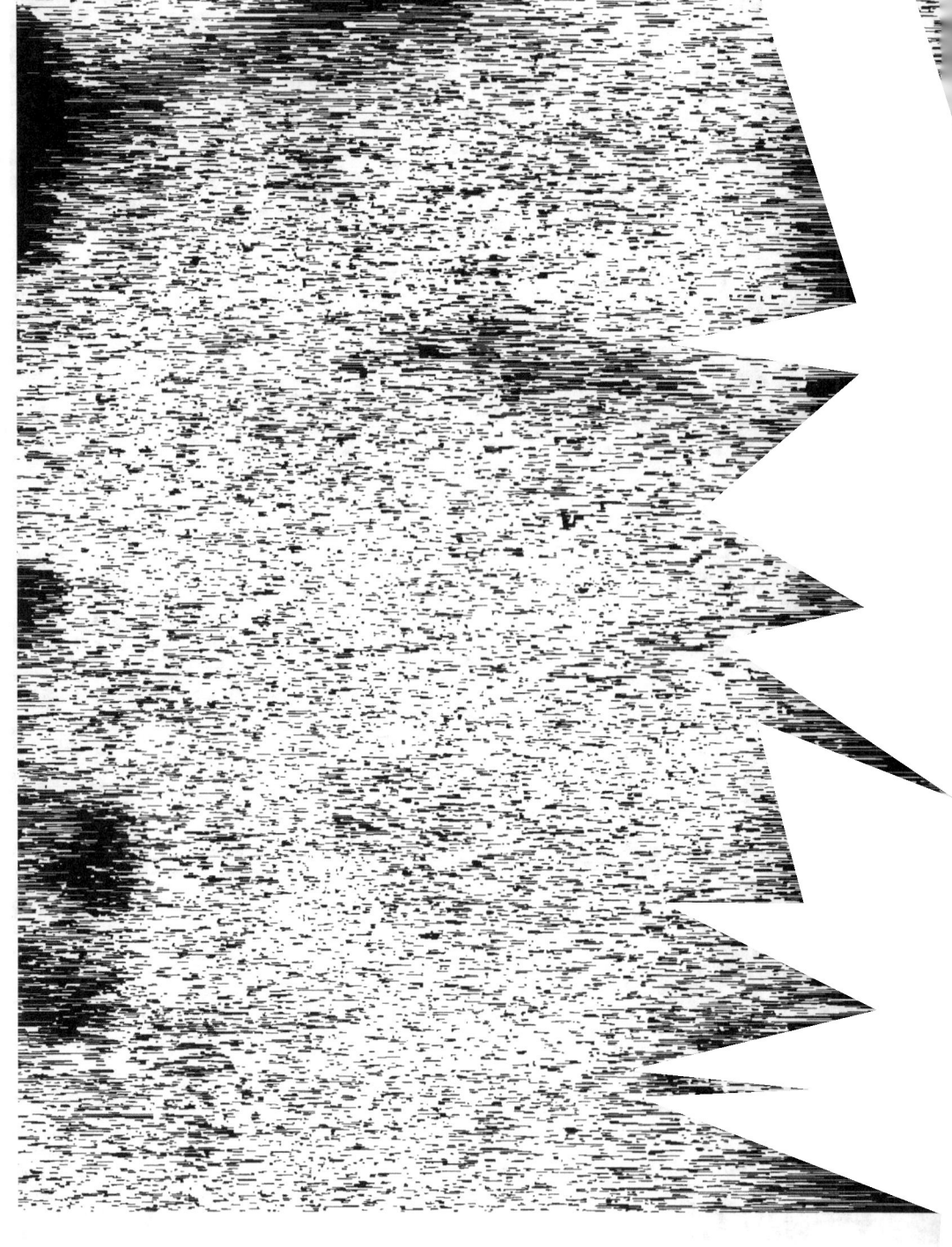

INSTRUCTION,

ou

THÉORIE PRATIQUE

A L'USAGE

DE MM. LES OFFICIERS ET SOUS-OFFICIERS

DE CAVALERIE.

Par M. le Chevalier CHATELAIN, Lieutenant-Colonel
de Cavalerie.

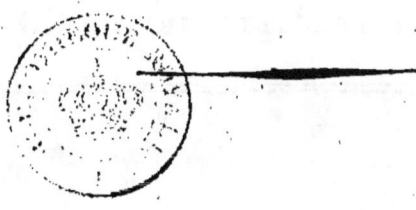

A PARIS,

Chez CORDIER, Imprimeur-Libraire de la Garde Royale
et des Troupes de toutes armes, rue des Mathurins Saint-
Jacques, N.° 10.

1816.

De l'Imprimerie Militaire de CORDIER.

AVERTISSEMENT.

En livrant cet ouvrage à l'impression, je n'ai fait que céder aux instantes sollicitations de plusieurs officiers de cavalerie auxquels je l'avais communiqué, et qui tous ont reconnu l'avantage que pourraient en retirer MM. les officiers et sous-officiers chargés de l'instruction dans les régimens.

Ce livre renferme des principes qui n'ont jamais été écrits, ou qui n'ont pas reçu tout le développement dont ils sont susceptibles et que leur importance exige. J'ai cru que ce serait un moyen de faciliter les progrès de l'instruction, que de réunir dans un seul volume ce qu'il est nécessaire de connaître sur cette matière. Une longue expérience, jointe à une pratique constante dans le service de la cavalerie, m'ont fourni diverses observations importantes sur plusieurs points, et m'ont mis à même de réduire en principes faciles une science qui jusqu'à présent n'a pas été traitée avec assez de méthode et assez de clarté.

Si mon ouvrage peut être utile à MM. les colonels et à MM. les officiers chargés de l'instruction des troupes de cavalerie, j'aurai atteint mon but; je recevrai, par cela même, la plus douce récompense de mon travail.

Ce livre est divisé en onze articles : le premier contient une théorie pratique sur la *manœuvre par file d'encadrement*. Les détails et les explications que j'ai donnés sur cette manœuvre, suffisent pour mettre les personnes même auxquelles elle serait entièrement étrangère, en état de l'exécuter promptement et facilement. MM. les colonels y trouveront aussi les moyens d'instruire les officiers sur le ton du commandement; d'enseigner aux adjudans-majors et adjudans sous-officiers le tracé des lignes. Les sous-officiers et brigadiers y trouveront de même les principes nécessaires pour s'aligner entre eux ; pour mesurer de l'œil, lorsqu'ils seront placés aux ailes des pelotons, divisions et escadrons, l'étendue de terrain qu'ils doivent parcourir, et pour conserver leur distance en marchant sans faire ouvrir ni serrer les rangs et sans se porter sur la botte de leur voisin. Enfin, MM. les colonels y trouveront encore des principes clairs et méthodiques sur la manière de former quatre escadrons avec 128 hommes ; moyen qui a le double avantage de ménager les chevaux et d'exercer, dans les évolutions, MM. les officiers avec une troupe peu nombreuse.

Le second article donne les détails d'un plan d'ordre à suivre pour le travail de la semaine, et au moyen duquel il sera toujours facile de connaître le progrès et le degré d'instruction des officiers, sous-officiers et brigadiers ; de former des classes ; de fixer son choix sur le mérite des instructeurs, et sur l'aptitude des sujets qui doivent former le peloton d'instruction et la classe des élèves.

Le troisième article enseigne au cavalier la pratique de ses devoirs de fidélité et de dévouement envers le Roi et la famille royale; le respect qu'il doit à ses supérieurs, aux magistrats et aux chefs de la religion; la manière de saluer et de rendre les honneurs militaires aux personnes auxquelles ils sont dus. Il est indispensable que MM. les officiers, comme les sous-officiers et cavaliers, se pénètrent de l'importance de ces obligations : elles sont la base et en même temps le principe et la conséquence de toute bonne discipline. Il ne suffit pas de mettre, comme on fait ordinairement, à l'ordre du régiment, les règlemens qui existent sur cet objet, et d'en faire goûter à la troupe une lecture sèche et fugitive; mais on doit, par des répétitions multipliées, et sur-tout en exigeant scrupuleusement la pratique de ces devoirs, les leur inculquer d'une manière indélébile.

L'article IV fait connaître les obligations imposées aux sous-officiers et brigadiers de semaine, à ceux qui sont de service aux écuries, les différentes consignes qui peuvent être données à ce sujet, et tout ce qui est indispensable pour bien panser un cheval.

L'article V contient le devoir des sentinelles et celui des gardes et piquets. Je me suis étendu en faveur des jeunes gens sur l'importance de ces deux genres de service.

L'article VI est relatif aux devoirs des vedettes, rondes, patrouilles et gardes à cheval ; à celui des brigadiers chargés de poser les vedettes, ainsi qu'aux précautions à prendre à l'égard des parlementaires venant de l'ennemi.

L'article VII enseigne la manière de seller, desseller, brider et débrider. Il est nécessaire que les officiers et sous-officiers connaissent la bouche du cheval, afin de pouvoir choisir le mors qui lui convient ; qu'ils sachent où doit poser la selle, afin qu'elle ne gêne pas les mouvemens du cheval, et que le poids de la charge porte également sur les extrémités.

L'article VIII contient une instruction sur la manière de plier le manteau à manches et de placer les effets dans le porte-manteau. Cette leçon doit être soignée, afin que les cavaliers s'habituent à bien charger leurs chevaux.

L'article IX contient la description et la dénomination de toutes les pièces qui composent la bride, le mors, la selle, ainsi que le détail et l'usage de toutes les parties de l'armement.

L'article X, que j'ai aussi intitulé *Observations générales*, donne l'explication de principes sans lesquels il est impossible de bien manœuvrer.

Enfin l'article XI et dernier contient un résumé des principes généraux.

INSTRUCTION

POUR

LA CAVALERIE.

ARTICLE PREMIER.

MANOEUVRE PAR FILE D'ENCADREMENT.

Cette manœuvre aura le double avantage d'instruire MM. les officiers, sous-officiers et brigadiers, sans fatiguer les chevaux.

Pendant 1816, les régimens de cavalerie ne devant être portés qu'à 200 hommes et 200 chevaux, ce travail donnera à MM. les colonels le moyen de manœuvrer avec quatre escadrons, de s'habituer aux grandes manœuvres, de donner le ton de commandement aux officiers et sous-officiers, d'apprendre aux adjudans-majors le tracé des lignes, et donner enfin aux guides généraux et particuliers, ainsi qu'aux brigadiers conducteurs des ailes, des pelotons, divisions et escadrons, les moyens de juger de l'œil le terrain qu'ils doivent parcourir sans faire serrer ni ouvrir les files, sans s'appuyer sur leur voisin de droite ou de gauche.

Lorsque les officiers, sous-officiers et brigadiers auront travaillé aux six leçons de l'ordonnance à l'école d'escadron, et que le temps le permettra, on réunira les officiers, sous-officiers et brigadiers, et quelques cavaliers instruits, pour en former un escadron de quarante-huit files, appelé ESCADRON D'INSTRUCTION OU THÉORIE PRATIQUE.

On placera les serre-files, les guides de droite et de gauche; MM. les officiers commandant, chacun leur tour, les pelotons, et les capitaines l'escadron.

1.re Reprise. On fera tracer une ligne à vingt pas. L'adjudant-major se placera de sa personne à quatre pas de l'adjudant sous-officier, faisant face à gauche (c'est lui qui doit aligner les guides et tracer les lignes); l'adjudant sous-officier, à la hauteur où doit arriver la droite de l'escadron, faisant face à gauche; le guide de droite de l'escadron, à la hauteur où doit arriver la gauche du premier peloton, faisant face à droite; le guide de gauche de l'escadron, à la hauteur où doit arriver la gauche de l'escadron, faisant face à droite.

On commandera : *Garde à vous — par peloton — à droite —* ALIGNEMENT. Le commandant du premier peloton commandera : *Peloton* — EN AVANT — *guide à droite*, et commandera : MARCHE, lorsque le commandant de l'escadron aura fait ce commandement. Le commandant du 1.ᵉʳ peloton aura soin d'arrêter son peloton à quatre pas de la ligne, par le commandement de : *peloton* — HALTE, et ensuite : *A droite* — ALIGNEMENT. Le peloton étant aligné, il commandera : FIXE. Le ton de commandement sera toujours animé, ferme, bref et distinct; d'une étendue de voix proportionnée à la troupe que l'on exerce.

Il en sera de même pour les autres pelotons. Les commandans des 2.ᵉ, 3.ᵉ et 4.ᵉ pelotons auront soin d'arrêter leurs pelotons à la hauteur des serre-files; de faire le commandement préparatoire de bonne heure, et de ne commander MARCHE que lorsque le commandant du peloton qui précède aura commandé : *A droite* — ALIGNEMENT. On répétera ce mouvement deux ou trois fois, et ensuite par la gauche, en suivant les moyens contraires.

Afin de bien faire connaître aux brigadiers des ailes le cadre de leur peloton, on fera quelque mouvement de peloton à droite, à gauche, demi-à-droite, demi-à-gauche. Les serre-files auront soin de prévenir, à voix basse, les cavaliers du second rang de bien faire ranger les hanches de leurs chevaux, pour faciliter l'emboîtement et le déboîtement des pelotons dans l'escadron.

Les chevaux étant calmes, l'escadron d'aplomb, on commandera : REPOS.

2.ᵉ Reprise. On préviendra les files d'encadrement qu'elles vont manœuvrer seules (c'est-à-dire les maréchaux-de-logis de droite et de gauche de l'escadron, ainsi que les brigadiers de droite et de gauche de chaque peloton; les seconds rangs suivront leurs chefs de file); qu'elles doivent conserver le terrain nécessaire pour recevoir dix files, qui forment le cadre de chaque peloton, non compris les brigadiers des ailes. On fera exécuter avec les files d'encadrement tous les mouvemens de la première reprise.

Toutes les fois que l'escadron sera remis en bataille, on fera rentrer le cadre de l'escadron dans les files d'encadrement, pour s'assurer que les brigadiers ont bien conservé leur intervalle, et aussi traverser les cadres dans les files d'encadrement : cette méthode aura pour but de dresser les chevaux en les habituant à sortir des rangs sans difficulté. Le capitaine en second, et les officiers et sous-officiers de serre-file, seront placés à la tête des cadres pour les commander.

3.ᵉ Reprise. Lorsque le mécanisme de cette manœuvre sera bien connu, et que MM. les officiers, sous-officiers et brigadiers feront bien leurs commandemens, conserveront bien leur intervalle et distance, on répétera ces mouvemens au trot.

Après avoir travaillé huit à dix fois; que le

colonel jugera que ces officiers, sous-officiers et brigadiers ont acquis assez de connaissance pour manœuvrer avec plusieurs escadrons, il commencera par en former deux, trois, et enfin quatre avec seulement des files d'encadrement. Pour donner un peu plus de consistance, on placera deux cavaliers dans le centre de chaque peloton, un à droite et l'autre à gauche, touchant la botte des brigadiers; ce qui fera quatre au premier rang de chaque peloton; avec les seconds rangs huit; trente-deux hommes par escadron; cent vingt-huit hommes pour quatre escadrons, non compris les serre-files.

Dans les momens de repos, on fera tracer des lignes aux adjudans-majors et adjudans sous-officiers; on habituera les guides généraux et particuliers à se porter lestement sur la ligne en suivant les principes établis pour la première manœuvre. MM. les colonels, lieutenans-colonels, chefs d'escadron, majors, adjudans-majors, capitaines d'escadron et officiers particuliers, prendront de l'ensemble et de l'uniformité dans les commandemens, et se mettront à même de bien commander leur troupe lorsqu'elle sera portée au complet.

Cette manœuvre est connue de beaucoup d'officiers. Toute facile qu'elle est, elle n'a jamais été écrite. Plusieurs officiers ne la connaissant pas de la manière qu'elle est détaillée, elle donnera un résultat avantageux pour le progrès de l'instruction de tout le monde.

ARTICLE II.

Ordre de travail pour la Semaine.

A la formation des nouveaux régimens, il est nécessaire que MM. les colonels connaissent les degrés d'instruction de chaque homme ; en conséquence, on commencera par les premières leçons de l'ordonnance tant à pied qu'à cheval. Il en sera de même pour les théories.

Travail d'hiver.

Lundi. Tous les cavaliers monteront à cheval et travailleront à la 1.re et 2.e leçon depuis huit heures jusqu'à onze; les hommes en bonnet de police, gilet d'écurie et pantalon de cheval; les chevaux en couverte et bridon. On formera deux reprises; les deux premières compagnies, la première reprise; les deux autres, la deuxième reprise.

Depuis midi jusqu'à deux heures, théorie pour les sous-officiers chez l'adjudant-major de semaine. On commencera par la première leçon.

A la même heure, théorie pour les officiers chez le major. On commencera également par la première leçon.

On exigera que les officiers, sous-officiers et brigadiers copient eux-mêmes les six leçons de l'ordonnance.

Les sous-officiers et brigadiers monteront à cheval depuis huit heures jusqu'à onze. On commencera par les première et deuxième leçons; on fera deux reprises. *Mardi.*

Les hommes seront en petite tenue; les chevaux sellés et en bridon; la selle ne doit pas empêcher de sauter à cheval; les étriers doivent être relevés au porte-étrier. A midi, MM. les officiers monteront à cheval jusqu'à deux heures, et travailleront aux première et deuxième leçons. Ils seront en petite tenue; les chevaux sellés et en bridon.

Après le pansage du soir, exercice à pied.

On donnera la position de l'homme, les mouvemens de tête, les à-droite et les à-gauche, demi-tour. A la seconde reprise, la marche.

Même travail que le lundi. Après le pansage du soir, lecture des règlemens militaires, pour les sous-officiers, chez les adjudans. *Mercredi.*

Même travail que le mardi. Après le pansage du soir, lecture des règlemens militaires, pour les officiers, chez le major. *Jeudi.*

Travail à cheval, comme le lundi, et même théorie. *Vendredi.*

Théorie, pour les sous-officiers, chez le chef d'escadron de semaine; les adjudans et officiers *Samedi.*

de semaine présens, depuis neuf heures jusqu'à onze.

A midi, théorie des officiers chez le colonel jusqu'à deux heures.

Après le pansage du soir, on donnera dans les écuries ou dans la cour, si le temps le permet, la leçon du paquetage aux cavaliers : tous les officiers seront présens à cette leçon. Ce jour sera également consacré à lire aux cavaliers le Code pénal et les règlemens militaires, les devoirs des cavaliers en faction et en vedette, et de garde d'écurie, ainsi que les devoirs d'honnêteté. A cinq heures, on fera battre les couvertes.

Ce travail n'est que pour faire connaître au colonel le degré d'instruction de chaque homme, le mettre à même de former des classes et désigner les instructeurs qui seront attachés à chaque classe, et faire un bon choix de sujets propres à devenir des sous-officiers. Le cahier d'écriture tenu par les capitaines, et le cahier des leçons écrites par chaque sous-officier et brigadier, feront connaître les hommes propres à devenir comptables.

L'adjudant-major est chargé de tenir des notes et de faire un tableau sur les mutations et progrès de l'instruction des sous-officiers. Le major est chargé, ou le lieutenant-colonel, du même objet pour les officiers. Ces tableaux devront être remis au colonel le 1.er de chaque mois.

Inspection, visites des chambrées par les officiers de semaine à neuf heures, et inspection par escouades, divisions et compagnies; à dix heures et demie, visite de la caserne par les colonels et officiers supérieurs. *Dimanche.*

A onze heures, inspection générale à pied par le colonel, parade, et ensuite la messe. La tenue sera toujours mise à l'ordre le samedi pour le dimanche.

ARTICLE III.

Devoirs d'honnêteté des Cavaliers.

Le soldat doit amour, respect et fidélité au Roi et aux princes de sa famille : il devient indigne de porter l'uniforme français lorsqu'il manque à ses devoirs envers son souverain, et qu'il épouse un esprit de parti qui tendrait au bouleversement de l'ordre établi de successibilité au trône.

Respect est dû aux ministres de la religion, et les gardes doivent sortir et se former en haie pour rendre les honneurs au Saint-Sacrement; lorsqu'il passe, les sentinelles et les gardes doivent présenter les armes et mettre genou en terre.

Le cavalier doit se pénétrer que la soumission et l'obéissance sont la base de l'état militaire ; que le bon soldat est toujours honnête et respectueux envers ses supérieurs.

Lorsqu'un cavalier, ou de tout autre grade, a besoin de parler à son chef, il doit faire précéder sa demande des prénoms Monsieur, ou mon colonel, capitaine, lieutenant, maréchal-des-logis.

On ne doit jamais parler à son supérieur le bonnet de police ou chapeau sur la tête.

Si l'inférieur est de service, qu'il soit armé et qu'il ne soit pas sous les armes, il doit porter la main droite à son casque, schakos ou bonnet à poil; la main gauche sur le côté, les talons sur la même ligne, le corps droit.

Toutes les fois qu'un cavalier passe devant son officier, il doit s'arrêter pour saluer; si c'est un officier supérieur, il doit faire un à-droite ou un à-gauche, après s'arrêter, attendre que l'officier supérieur soit passé ou ait commandé *repos*.

Pour un sous-officier, il doit saluer en marchant.

Si le cavalier est assis lorsque passe un de ses chefs, il doit se lever pour saluer.

Dans une promenade, on ne doit saluer qu'une fois les personnes dénommées dans le présent article.

Dans le service, on ne doit jamais tutoyer son inférieur, ni l'inférieur son supérieur, quand même ils seraient parens.

Manière de saluer.

Lorsque le cavalier ou sous-officier est en chapeau ou bonnet de police, il doit descendre son chapeau ou bonnet de police à la hauteur du jarret droit, la coiffe en dessous. S'il est en casque, schakos ou bonnet à poil, il porte la main droite à sa coiffure.

Les supérieurs doivent rendre le salut de suite.

ARTICLE IV.

Devoirs des Sous-Officiers.

Les sous-officiers ont l'inspection, et commandent les brigadiers-fourriers, brigadiers et cavaliers du corps. Ils doivent veiller à l'entretien des armes, des effets d'habillement, équipement, harnachement et armement; à la nourriture des hommes et des chevaux; à la propreté des chambres, au détail de l'instruction : toute négligence de leur part est punissable.

Ils doivent instruire les brigadiers des noms et usage des pièces composant l'armement, l'équipement, harnachement et habillement, la manière de s'en servir;

Faire démonter chaque partie et faire remonter les armes, en désignant les pièces par leur nom; instruire les cavaliers sur le respect qu'ils doivent à leurs chefs. Ce sont eux qui doivent donner les premiers principes de la bonne discipline, police et instruction de la compagnie sous la responsabilité des capitaines.

Le devoir du brigadier est difficile à remplir à raison de sa position avec le soldat, étant obligé de boire, manger et coucher avec son inférieur : c'est le premier pas dans l'avancement militaire. Le brigadier qui sait se faire respecter et conduire son escouade mérite des éloges : on doit avoir des égards pour lui.

Un brigadier ne devrait dormir que d'un œil ; sans cesse il doit surveiller.

Au réveil son service commence. Depuis le 1.er avril jusqu'au 30 septembre, le réveil doit sonner à quatre heures; en hiver à six heures. Il fera lever et habiller les cavaliers qui sont commandés pour aider les gardes d'écurie à donner à déjeûner aux chevaux.

Une demi-heure après, il doit faire lever les cavaliers de sa chambrée, les faire mettre en tenue d'écurie. Il fera ouvrir les fenêtres et attendra qu'on sonne l'appel; alors il descendra avec les hommes de sa chambrée, les fera mettre en rang, et répondra pour ceux qui seraient absens. Il fera le rapport de ce qui s'est passé d'extraordinaire pendant la nuit.

L'ordre donné pour le service, les classes ou

les corvées, s'il y en a, le maréchal-des-logis chef commandera : *A vos chevaux.*

Si le temps le permet, on sortira les chevaux dehors. En mettant le bridon, on aura soin d'attacher le licol au râtelier par la sous-gorge. On attachera les chevaux aux anneaux placés dans la cour du quartier, ou à toute autre place désignée par le maréchal-des-logis de semaine, qui aura pris les ordres du capitaine ou de l'officier de semaine à ce sujet.

Manière de Panser un Cheval.

Le cavalier déposera sa musette dans laquelle seront ses effets d'écurie ; il la placera à quelques pas derrière son cheval ; il peignera la crinière et ôtera les ordures et la poussière. Il se servira ensuite de son époussette ; il commencera par épousseter la tête, l'encolure, le corps, les cuisses et les jambes de son cheval. Il prendra ensuite l'étrille de la main droite, et de la main gauche il prendra la queue du cheval : il étrillera à rebrousse-poil, allant le long du corps de toute la longueur du bras, sans trop appuyer. Après quelques coups d'étrille, il fera sortir la poussière en frappant le marteau à terre.

Après avoir étrillé le côté droit, il étrillera le gauche en prenant l'étrille de la main gauche. Il aura soin d'étriller sous la crinière en la relevant de la main droite.

Lorsqu'il n'y aura plus de crasse, il cessera d'étriller. Le cavalier doit observer de ne jamais passer l'étrille sur la tête, les jambes, le dos, et sous le ventre trop près du fourreau.

Quand le cheval sera bien étrillé, il époussettera légèrement tout le corps, frottera la tête, les jambes, les cuisses, partout où l'étrille n'a pas passé, surtout les pâturons et les talons. Le cheval bien frotté avec l'époussette, il prendra un bouchon de paille ou de foin mouillé légèrement, frottera à contre-poil sur tout le corps, principalement sur les jambes, aux jointures entre les jambes de devant, ainsi que dans les pâturons.

Il se servira ensuite de l'époussette comme il a déjà été fait avant.

Cela fait, le cavalier prendra la brosse avec la main droite, de la gauche l'étrille; il commencera par brosser la tête en poussant la têtière du bridon en arrière.

Il reviendra commencer par la partie postérieure, conduisant la brosse à poil et contre-poil; à chaque coup de brosse, il la passera sur l'étrille; après avoir bien brossé, il essuiera toutes les parties du corps et des extrémités avec l'époussette. Après il se servira du peigne et peignera le toupet, la crinière et la queue : il aura attention de ne pas arracher les crins.

En été, on se servira de l'éponge pour laver

les yeux, le toupet, les oreilles, la crinière, la queue et les jambes : après il passera encore l'époussette sur toutes les parties du corps.

Le cavalier remettra ses effets de pansage dans sa musette. Avant de rentrer son cheval ou de le conduire à l'abreuvoir, il regardera sous les pieds pour savoir s'il a besoin d'être ferré ou s'il lui manque des clous. Dans ces deux derniers cas, il en rendra compte à son brigadier ; ce dernier en fera son rapport au maréchal-des-logis, qui donnera des ordres au maréchal ferrant de la compagnie pour faire ferrer les chevaux qui en auraient besoin.

Pour aller à l'abreuvoir, les cavaliers sauteront à cheval et se mettront en bataille. Le signal de départ étant donné, le brigadier de semaine se mettra à la tête. Le maréchal-des-logis fera rompre la compagnie, et marchera de sa personne à la queue. Si le terrain le permet, on mettra la compagnie en bataille avant d'entrer dans l'abreuvoir, afin d'y entrer ensemble et en bataille : les chevaux boivent mieux ; étant en colonne, l'eau se trouble ; les chevaux de la gauche sont obligés de boire de l'eau malpropre.

De retour de l'abreuvoir, on aura attention de nettoyer les jambes des chevaux avec de la paille. On donnera ensuite l'avoine, et on placera un cavalier entre les chevaux, par ordinaire de trois en trois, pour les empêcher de se battre, et observer s'il n'y en a pas qui refusent de manger. Dans le dernier cas, ce même homme doit prévenir de suite le maréchal-des-logis, lequel doit sur-le-champ faire présenter le cheval au maréchal expert du régiment.

Les chevaux ayant mangé l'avoine, le maréchal-des-logis de semaine fera le commandement de *jetez la paille*. Les chevaux doivent toujours manger ensemble par ordinaire de trois. On tâchera de mettre ensemble les chevaux qui mangent vite, ceux qui mangent plus doucement, enfin les chevaux les plus maigres ensemble. On donnera à ces derniers les restes du magasin et les supplémens : c'est une attention que doivent avoir les capitaines. Les gardes d'écurie et les cavaliers donneront un coup de balai derrière les chevaux ; ensuite on fermera les portes.

De retour à la chambre, le brigadier fera faire les lits, habiller les cavaliers de garde, et s'assurera que tous leurs effets sont propres. Le cavalier doit se raser ou se faire raser trois fois par semaine. Les brigadiers tiendront la main à ce dernier article. Ils auront soin de faire laver les mains des cavaliers plusieurs fois par jour, ainsi que les pieds deux fois par semaine. Les lits faits, les cavaliers peignés, chacun balaiera sous son lit : le cuisinier balaiera la chambre et le corridor.

A dix heures, on mangera la soupe; après, on ôtera la poussière des bottes et des effets d'habillement. A l'heure de la soupe, et même avant, les maréchaux-des-logis feront la revue des chambres de leur division, et s'assureront que tout est dans l'ordre prescrit.

A l'heure de la garde, le brigadier passera l'inspection aux hommes de service, et les conduira au rendez-vous. Le maréchal-des-logis de semaine passera une seconde inspection; s'il trouve des hommes mal tenus, il s'en prendra au brigadier, et le punira. Il conduira ces hommes sur la place pour la parade. Il restera, et attendra que la garde soit défilée. Il prendra l'ordre, et en fera de suite part aux officiers et aux chambrées de la compagnie au premier appel.

Le brigadier doit veiller à ce que les hommes qui descendent le service s'occupent de suite à mettre leurs effets et leurs armes dans le plus grand état de propreté.

Après la garde défilée, le maréchal-des-logis de semaine, avec le brigadier et quelques cavaliers, iront aux écuries pour donner à dîner aux chevaux.

Un instant avant l'appel des écuries du soir, les chefs de chambrées feront mettre les cavaliers en tenue d'écurie : sitôt l'appel sonné, ils les conduiront au rendez-vous et les feront mettre en rang.

B

Le service pour les écuries du soir sera comme celui du matin. Les jours de manœuvre on pansera les chevaux plus long-temps. Après les écuries, les cavaliers mangeront la soupe. S'il n'y a pas de manœuvre, le cavalier nettoiera ses armes et ses effets. Le brigadier choisira ce temps pour faire connaître aux recrues le nom de chaque partie de ses armes et leur usage.

Au signal donné pour le souper des chevaux, le maréchal-des-logis et le brigadier de semaine, ainsi que les cavaliers commandés pour le service des écuries, se rendront à l'écurie pour donner à souper aux chevaux. Le souper donné, on balaiera l'écurie; après avoir fait la litière, ils rentreront dans leur chambrée.

Au signal indiqué, le maréchal-des-logis fera l'appel dans l'endroit désigné pour les appels du régiment ou de la compagnie; les brigadiers répondront pour les hommes de leur chambrée qui seront absens. Ils feront coucher les cavaliers et éteindre les lumières une demi-heure après l'appel.

Les brigadiers se trouvant continuellement avec les cavaliers, ils doivent étudier leur caractère, connaître leurs moyens, savoir ce qu'ils dépensent et d'où vient l'argent qu'ils reçoivent. Si un cavalier se conduisait mal et manquait à l'honneur, ou tenait des propos contre ses chefs ou contre le Roi, le brigadier punirait de suite celui qui aurait tenu des propos, et ferait son rapport au maréchal-des-logis de sa subdivision, qui en préviendrait l'officier. Le brigadier doit être surveillant et attentif; c'est par la grande habitude de cette surveillance qu'il maintiendra le bon ordre dans sa chambrée, et qu'il pourra prévenir les rixes. Les porte-manteaux doivent toujours être faits, les manteaux pliés et les autres effets rangés.

A la tête du lit, on doit mettre le nom de l'homme. En cas de contre-appel, le brigadier doit bien se rappeler des hommes qui seraient absens et des motifs de l'absence, pour être à même d'en rendre compte au maréchal-des-logis, à l'adjudant ou à l'officier qui fera le contre-appel.

Les sous-officiers de semaine ne doivent jamais quitter le quartier sans en avoir obtenu la permission et être remplacés par un de leurs camarades.

Toutes les fois qu'on sonnera à l'ordre, le brigadier-fourrier et le brigadier de semaine de chaque compagnie, se rendront au rendez-vous, l'un pour recevoir l'ordre et en prévenir les officiers, l'autre pour le faire exécuter.

Chaque sous-officier et brigadier doit avoir le contrôle nominatif de sa compagnie par escouade, division et compagnie par rang d'ancienneté. Ce dernier contrôle sert à commander le service et à faire l'appel.

Consigne pour les Gardes d'écurie,

Qui sera affichée en dedans et sur la porte des écuries de chaque compagnie.

Tous les jours à onze heures et demie, on relevera les gardes d'écurie en présence du brigadier de semaine. Ils se consigneront réciproquement les effets d'écurie : le brigadier vérifiera dans quel état ils se trouvent. S'il y a des dégradations, celui qui descend la garde les paiera, et ils seront remplacés de suite. Ils se donneront les renseignemens pour prévenir les accidens. Sitôt qu'ils s'apercevront qu'un cheval ne mange pas, qu'il a la tête basse, l'œil triste, ils en préviendront le brigadier de semaine, qui de suite ira chercher l'artiste vétérinaire; de même si un cheval recevait un coup de pied ou se roulait continuellement, ce qui indiquerait qu'il a des coliques ou tranchées.

La lampe sera continuellement allumée. Ils empêcheront que personne n'entre dans l'écurie avec du feu, ou ne fume. La nuit on ne doit aller dans les écuries qu'avec des lampes ou lanternes. Les maréchaux-des-logis et brigadiers de semaine feront de fréquentes rondes dans les écuries. Le commandant de la garde de police en fera tous les deux heures; l'un et l'autre s'assureront si les gardes d'écurie font leur devoir. Pendant la nuit, il doit toujours y avoir un homme qui ne dorme pas.

Il faut bien faire attention que les gardes d'écurie n'amènent des femmes coucher avec eux. Dans ce cas, le commandant de la garde de police fera arrêter la femme, et fera son rapport à l'adjudant.

Tous les effets d'écurie seront rangés de manière à ne pas gêner ni traîner dans l'écurie. Les gardes d'écurie ne devront sortir que pour aller manger la soupe l'un après l'autre. Un homme de la garde de police doit venir pour les remplacer, dans le cas où ils iraient la manger ensemble.

ARTICLE V.

Service des Gardes, Carabiniers, Cuirassiers et Troupes légères.

Après l'inspection, l'adjudant placera les commandans des différens postes, leur fera connaître les troupes qu'ils ont à commander et les postes qu'ils doivent relever.

Après la parade, les commandans des postes se placeront sur le flanc gauche de leur poste, et commanderont : *Pas accéléré*—MARCHE. Les cavaliers porteront la main gauche au fourreau du sabre pour le contenir. Le poste aura le sabre à la main. Les dragons, chasseurs et hussards porteront le mousqueton en sous-officiers.

Arrivé à vingt-cinq pas de la troupe qu'il doit relever, le chef de poste commandera : *Pas ordinaire*—MARCHE, et fera porter les armes si c'est troupe légère. S'il y a un trompette, il sonnera la marche.

La nouvelle garde se formera à la gauche de l'ancienne, en laissant un petit intervalle sur le même alignement. Le sous-officier commandant le poste, après avoir placé sa garde à la gauche de l'ancienne, se placera à la droite si la garde n'est composée que de huit à dix hommes ; alors elle sera mise sur un seul rang ; et si elle excède dix hommes, le commandant la placera sur deux rangs, et lui de sa personne au centre de sa troupe à un pas en avant. Toutes les fois que les gardes prendront les armes, elles se mettront dans le même ordre.

Le commandant de l'ancienne garde, qui a dû être averti par le factionnaire devant le poste, a fait sortir sa garde et ranger en bataille. Les deux commandans s'avanceront l'un vers l'autre. Celui de la garde descendante donnera la consigne à celui de la garde montante.

Le commandant de la nouvelle garde, si c'est un maréchal-des-logis, ordonnera au brigadier d'aller prendre possession du corps-de-garde : s'il y avait un officier; ce serait le maréchal-des-logis qui prendrait possession du corps-de-garde.

Dans les petits postes commandés par un brigadier, il ira lui-même prendre possession du poste. Il pourra se faire aider par le plus ancien cavalier de sa garde.

Après que la reconnaissance du corps-de-garde aura été faite, le commandant de la nouvelle garde désignera les hommes qui doivent aller relever les sentinelles du poste : ils se formeront en avant de la garde.

Les brigadiers de la garde montante et descendante iront ensemble relever les sentinelles.

On commencera par relever la sentinelle devant les armes, qui rentrera de suite à son rang. Ils iront ensuite relever les sentinelles les plus éloignées; ces dernières les suivront jusqu'au poste.

Pour relever une sentinelle, le brigadier de la garde montante commandera aux hommes qui le suivent : *Halte* à dix pas; celui qui doit être placé en faction s'avancera, et se mettra à la gauche de l'ancienne sentinelle. Le brigadier de la garde montante commandera : *A droite et à gauche présentez* — ARMES; alors elles se donneront la consigne en présence des deux brigadiers.

On suivra cette manière pour relever toutes les sentinelles du poste.

Les consignes seront données d'une manière claire et positive. Dans le cas contraire, le rapport en sera fait au commandant du poste, qui demandera à voir l'ordre qui aura prescrit les changemens. Le brigadier fera le commandement de *Portez*—ARMES—*à droite* ou *à gauche*—MARCHE. Les brigadiers retourneront près de leur ancienne troupe et continueront leur tournée.

Pendant qu'on relèvera les sentinelles, les deux commandans se donneront mutuellement tous les renseignemens nécessaires pour la garde du poste.

Les sentinelles étant relevées, le commandant de l'ancienne garde se mettra en marche. S'il y a un trompette, il sonnera la marche.

Après le départ de l'ancienne garde, le commandant fera remettre le sabre. Les troupes légères présenteront les armes, feront *haut les armes*, et rentreront au corps-de-garde. Si la troupe était sur deux rangs avant de faire remettre le sabre, on ferait porter le premier rang quatre pas en avant, afin que les cavaliers, en remettant le sabre, ne se blessent pas ; ensuite : *Rompez vos rangs*—MARCHE.

Avant de faire rompre les rangs, le commandant défendra aux cavaliers de s'éloigner du poste sans sa permission. Après, il lira avec soin les consignes et ira visiter ses sentinelles.

Il enverra chercher le bois et la chandelle

qui doivent être fournis à son corps-de-garde. Les cavaliers tireront au sort entre eux pour cette corvée. Ceux à qui le sort sera échu la feront en bonnet de police, et conserveront leur giberne pour marque de service.

Le commandant de la garde sera obligé de rester à son poste et d'y faire ses repas, sans pouvoir s'en éloigner sous tel prétexte que ce soit. Il ne quittera point ses armes pendant tout le temps qu'il sera de garde. Les cavaliers doivent également avoir leurs armes, être colletés et agraffés.

Il fera l'appel de sa garde toutes les fois qu'on relevera les sentinelles. Pendant les vingt-quatre heures, les cavaliers qui mériteront d'être punis seront condamnés, pour des fautes légères, à faire les corvées de la garde; et dans les cas graves, le commandant du poste les fera arrêter et relever, en rendant compte de leur conduite. On ne doit pas arrêter un homme de garde sans la participation du commandant de la garde.

Un cavalier en faction ou en vedette ne doit chanter, siffler ni parler à qui que ce soit.

Il n'a d'ordres à recevoir de personne; il ne doit des égards à personne. Il rend les honneurs conformément aux règlemens militaires; mais il ne doit rendre compte de ses actions et ne dire sa consigne qu'au brigadier du poste. Si on venait l'insulter et forcer sa consigne, il doit se rappeler que le Roi lui a donné une arme pour s'en servir et faire respecter son autorité. Un cavalier en faction ou en vedette doit tuer ou se faire tuer plutôt que de laisser violer sa consigne. Il ne doit jamais s'asseoir étant en faction; s'il a des besoins, et qu'il ne puisse se faire relever, il pose sa coiffure et va à quelques pas satisfaire ses besoins.

On entend par besoin urgent, la nécessité de mettre culotte bas. On relevera les sentinelles toutes les deux heures; dans les fortes gelées, toutes les heures.

Garde a Cheval.

Il y a rarement des gardes à cheval dans l'intérieur d'une place, à moins que pour rendre des honneurs.

Le commandant de la garde à cheval, après avoir posé ses vedettes, fera mettre pied à terre, rentrer les chevaux ou les attacher au bivouac. Il placera un cavalier à pied devant le poste. Il enverra à l'abreuvoir, et aura soin de n'y envoyer qu'une portion de sa troupe à-la-fois. Il veillera à ce que ses chevaux reçoivent leur nourriture, et ordonnera l'heure des repas. Il tiendra toujours une partie de sa garde prête à monter à cheval. Il suivra la consigne qui lui sera donnée par le commandant de la place ou du régiment.

Avant de poser les sentinelles, elles seront présentées au commandant du poste; il en passera l'inspection et s'assurera que les armes sont en bon état. Il réglera où chacune d'elles devra être posée. Les plus anciens de service seront mis devant les armes et aux postes avancés. Le brigadier aura soin de veiller et instruire les recrues.

En cas d'alarme, toutes les gardes prendront les armes, et monteront à cheval si c'est pendant le jour. La garde aux portes d'une ville fera sur-le-champ fermer les barrières ou lever les ponts-levis de l'avancée, et en donnera avis au commandant de la place.

Toutes les gardes, soit à pied, soit à cheval, se conformeront, au surplus, suivant l'espèce d'alarme, aux consignes particulières qu'elles auront reçues.

En cas d'incendie, le commandant du premier poste où l'on s'en apercevra enverra de suite deux hommes et le brigadier, pour savoir si le feu est dangereux; et s'il paraît tel au brigadier, il reviendra en faire part au commandant du poste, qui fera prévenir le commandant du régiment et celui de la place. La garde de police enverra de suite une garde aux étendards et chez le trésorier du régiment. Si on sonne la générale, toutes les gardes prendront les armes, feront faire des patrouilles pour arrêter les malfaiteurs, et faire prêter des secours pour éteindre l'incendie. Les commandans des gardes à cheval se conduiront, dans le même cas, ainsi qu'il est dit pour les gardes à pied.

Devoir des Gardes a pied.

Les sentinelles ne se laisseront jamais relever ou donner de nouvelles consignes que par le brigadier du poste. Les sentinelles, pendant le temps qu'elles seront en faction, ne pourront jamais quitter leurs armes, ni en se promenant s'écarter à plus de trente pas de leur poste.

Les sentinelles ne souffriront pas qu'il se fasse aucune ordure ni dégradation aux environs de leur poste.

Les sentinelles s'arrêteront, feront face en tête et porteront les armes, lorsqu'il passera à portée d'elles, soit une troupe, soit des officiers, n'importe de quel régiment. Elles présenteront les armes au Roi, aux princes, ministres, généraux, préfets, sous-préfets, ordonnateurs, inspecteurs aux revues, et aux officiers supérieurs. Elles porteront également les armes aux chevaliers de St.-Louis, légionnaires, commissaires des guerres et officiers de santé.

Les sentinelles ne rendront point d'honneurs aux personnes dénommées dans l'article précédent qui ne seraient pas en uniforme ou n'auraient pas leurs marques distinctives ou décorations.

Les sentinelles présenteront les armes pendant la nuit aux rondes et patrouilles qui passeront près d'elles, lorsqu'elles devront se mettre en état de défense.

Les sentinelles ne se laisseront approcher par personne pendant la nuit. Après avoir crié *Qui vive?* elles doivent dire : *Passez de l'autre côté*. Elles ne se laisseront approcher que par le brigadier du poste, après toutefois l'avoir reconnu. Elles ne resteront dans les guérites que pendant le mauvais temps : elles en sortiront pendant le jour lorsqu'elles verront s'approcher près d'elles un officier général ou supérieur, et pendant la nuit une troupe quelle qu'elle soit.

Si une sentinelle entend quelqu'un qui se dispute près de son poste, elle criera : *A la garde*, et tâchera d'arrêter les perturbateurs sans se compromettre.

Les sentinelles qui apercevront un incendie crieront : *Au feu*.

Les sentinelles placées devant les armes crieront : *Aux armes* lorsqu'elles apercevront un général ou commandant de la place, ou tout autre pour lesquels on doit prendre les armes ou se mettre hors du corps-de-garde : dans ce dernier cas, elles crieront : *Hors la garde*.

Les sentinelles devant un magasin à poudre empêcheront que qui que ce soit n'approche avec une pipe ou avec du feu. Personne ne doit dans le magasin sans être escorté du brigadier de garde.

Pendant la nuit, lorsqu'une sentinelle entendra quelqu'un qui vient de son côté, elle criera d'une voix forte : *Qui vive?* Si on continue à s'approcher d'elle sans répondre, elle criera : *Halte là, ou je fais feu.* Si on continue de s'approcher encore, elle tirera à dix pas si elle a une arme à feu, ou passera son sabre au travers du corps de la personne qui voudrait l'approcher sans se faire reconnaître ou la surprendre, et criera en même temps : *A la garde.* (1)

Les sentinelles qui seront placées sur les remparts pendant la nuit, n'y laisseront passer que les rondes et patrouilles.

Lorsqu'une sentinelle placée devant un poste apercevra une ronde ou patrouille, elle criera : *Qui vive?* Si on répond : *Ronde major,* elle criera : *Halte là.* — *Brigadier, hors la garde — ronde major.* Si c'est une ronde de commandant, elle criera : *Brigadier, hors la*

---

(1) Autrefois, les factionnaires placés devant un magasin à poudre n'étaient armés que d'un sabre ou baïonnette, et devaient mettre le doigt sur le trou de la serrure de la porte d'entrée du magasin avant de crier *qui vive* sur les personnes qui approchaient pendant la nuit.

garde — *ronde de commandant*. Si c'est une ronde major ou de commandant, la garde sortira et prendra les armes.

Alors le brigadier s'avancera avec deux hommes, et criera : *Qui vive?* On répondra : *Ronde major* ou de *commandant;* il criera : *Avance qui a l'ordre*. Il présentera les armes comme pour se mettre en défense contre celui qui s'avancera. Il en recevra le mot d'ordre, et lui rendra le mot de ralliement. Si le mot d'ordre n'était pas conforme, il s'opposera à son passage.

Si la ronde est reconnue, le major ou le commandant a le droit de passer l'inspection de la garde. Si c'est une ronde d'officier, le brigadier et deux hommes sortent du corps-de-garde et la reconnaissent. Il en sera de même pour les patrouilles.

On se conformera, pour la reconnaissance des patrouilles, à ce qui est prescrit à l'article des rondes.

Lorsque la sentinelle placée à l'avancée d'une porte de ville ou de citadelle apercevra une troupe venir de son côté, elle criera : *Aux armes*, et fermera la première barrière. Lorsque ladite troupe sera arrivée à trois cents pas des glacis ou de la barrière, le commandant du poste l'enverra reconnaître par quatre hommes et un brigadier, lequel s'avancera jusqu'à trente pas en avant des sentinelles ; et lorsque la troupe qu'il doit reconnaître sera à portée de l'entendre, il fera *haut les armes*, et criera : *Qui vive ?* Si on lui répond *France*, il criera : *Halte là*. Si, après avoir répété trois fois, la troupe avançait toujours, il ferait faire feu sur elle, et se retirerait de l'autre côté de la barrière en continuant à faire feu.

Si au contraire ladite troupe s'arrête, le brigadier, quand bien même elle se serait dite un régiment, bataillon ou escadron de la garnison, s'avancera seul pour la reconnaître de plus près, ne devant se fier ni à l'uniforme ni à d'autres marques distinctives, et mènera le commandant de cette troupe au commandant du poste, lequel, après avoir examiné ledit officier, le gardera à son poste, et fera prévenir le commandant de la place. Il ne laissera entrer la troupe que sur un ordre par écrit de ce même commandant. Les sentinelles empêcheront les cavaliers de trotter ou galoper sur les ponts-levis et sous les portes; elles ne laisseront pas arrêter les voitures aux mêmes endroits. Quand une voiture se présentera pour entrer ou pour sortir, la sentinelle préviendra en criant : *Arrête là-bas ;* si on lui répond : *Marche*, elle laissera passer la voiture. Les voitures seront toujours arrêtées de manière à ne pas embarrasser le passage.

Art.

ARTICLE VI.

Devoir des Patrouilles.

Les commandans des patrouilles arrêteront toutes les personnes qui troubleraient l'ordre public, et celles qui chanteraient des chansons ou tiendraient des propos contre le gouvernement ou contre les magistrats. Après dix heures, les personnes qui porteront des meubles ou paquets seront conduites au corps-de-garde de la place. Le commandant de la patrouille en rendra compte au commandant du poste. Les patrouilles arrêteront les cavaliers qui feront du bruit, ou qui, après la retraite sonnée, se trouveraient dans les rues, au cabaret, sans être munis de permission. Ceux qui feront du désordre seront, dans tous les cas, conduits au corps-de-garde.

Les bourgeois qui feront du bruit seront conduits au corps-de-garde de la commune, ou au poste le plus près de la mairie.

Si des patrouilles se rencontrent, le commandant de la première qui découvrira l'autre criera : *Qui vive ?* l'autre répondra : *Patrouille*. Si leur chemin est de passer l'une à côté de l'autre, le chef de la patrouille qui aura été reconnu donnera le mot d'ordre à l'autre. Les commandans des patrouilles rendront compte en rentrant, au commandant du poste, de ce qu'ils auront aperçu de contraire à la tranquillité et au repos publics.

Des Rondes.

Les maréchaux-des-logis commandés pour faire la ronde, prendront le mot d'ordre du commandant du poste d'où ils devront partir pour la commencer, à moins que le mot d'ordre ne leur soit donné par le major de la place.

Les rondes partiront du poste qui leur sera désigné par le commandant de la place : elles feront le tour des remparts en entier. Les maréchaux-des-logis de ronde signeront leur nom sur les registres qui se trouveront dans les corps-de-garde où ils passeront. Ils auront soin de ne pas laisser de place entre leur nom et les noms de ceux qui ont déjà signé, et d'indiquer l'heure de leur passage. Il y aura d'autres corps-de-garde où, indépendamment de leur signature, ils laisseront un marron qui leur aura été remis. Les maréchaux-des-logis de ronde seront tenus de porter un fallot qui leur sera fourni, avec la chandelle nécessaire, par le poste où ils auront commencé leur ronde : ils seront tenus de le rapporter après la ronde finie.

Les maréchaux-des-logis, dans leurs rondes, examineront si les sentinelles font leur devoir, s'il n'y en a pas d'endormies. Ils écouteront s'il n'y a rien de nouveau dans l'intérieur de la ville et dans les faubourgs. Ils préviendront les commandans des postes d'être sur leurs gardes, s'il y avait quelque chose d'extraordinaire.

Lorsque deux rondes se rencontreront, la première qui découvrira l'autre criera : *Qui vive ?* l'autre répondra : *Ronde*, en désignant de quelle espèce. La première s'annoncera ensuite, et lorsqu'elles se joindront, celle qui aura été reconnue donnera le mot à l'autre.

Lorsqu'une ronde approchera d'un poste, la sentinelle qui est devant les armes criera : *Qui vive ?* Si on lui répond : *Ronde major* ou *ronde de commandant*, elle criera : *Halte là*, et préviendra le brigadier en criant : *Brigadier, hors la garde — ronde major* ou *de commandant*. Le brigadier avertira le commandant du poste, qui fera prendre les armes à toute sa garde. Le commandant, après avoir fait reconnaître la ronde par le brigadier, s'avancera escorté de ce même brigadier et de quatre hommes, qui feront *haut les armes* et marcheront deux pas en arrière. Il criera ensuite : *Qui vive ?* Après qu'on lui aura répondu : *Ronde major*, il dira : *Avance à l'ordre*. Il recevra le mot d'ordre et rendra le mot de ralliement. Il en sera de même pour les rondes d'officiers supérieurs, qui, après avoir répondu : *Colonel* ou *chef d'escadron de service*, seront reçus comme le major de la place.

Lorsque le commandant du poste aura donné le mot, il fournira une nouvelle escorte à l'officier supérieur.

A la première ronde de major, les commandans des postes donneront le mot d'ordre, et recevront le mot de ralliement.

Précautions que doivent prendre les Brigadiers chargés de poser un Cavalier en vedette.

Avant que les vedettes partent du poste, le brigadier les réunira et en passera l'inspection la plus scrupuleuse, afin d'être assuré que leurs armes sont en bon état, et que la poudre des bassinets n'est pas mouillée. Il examinera si les chevaux sont bien sellés, bridés et bien chargés. Cette inspection faite, le brigadier présentera les vedettes au commandant du poste, qui en passera l'inspection. Après, le brigadier prendra les ordres du commandant, qui désignera l'endroit où chaque vedette sera placée. Le brigadier mettra le sabre à la main, et se placera à leur tête. Les carabiniers et cuirassiers auront le pistolet dans la main droite, le bout du canon haut. Les dragons, chasseurs et hussards auront le mousqueton haut et au crochet. On aura soin de placer les plus anciens et les plus intelligens aux postes qui demandent le plus de surveillance et d'intelligence.

Arrivé à dix ou douze pas de la vedette qu'il doit relever, le brigadier fera arrêter sa troupe; il s'avancera avec l'homme qui doit relever l'ancienne vedette. L'ancienne vedette se placera de manière que la nouvelle vedette se trouve à sa droite, pour avoir le mouvement du bras droit libre et pouvoir s'en servir en cas de surprise. L'ancienne vedette donnera la consigne à la nouvelle, qui, après l'avoir reçue, la répétera au brigadier. Les autres vedettes seront relevées de cette manière.

Si les circonstances exigent que le brigadier change quelque chose dans la consigne, à son retour il en rendra compte au commandant du poste.

Rentré au poste, il fera mettre pied à terre aux anciennes vedettes, fera soigner les chevaux. Le brigadier doit surveiller sans cesse ses vedettes, afin de pouvoir leur porter secours au moindre signe.

Les cavaliers étant en vedette auront le pistolet, mousqueton ou carabine haut et armé, le premier doigt de la main droite sous la sousgarde et prêt à être placé sur la détente pour faire feu en cas de besoin. S'il tombe de l'eau, ils auront soin de mettre à couvert, sous leur manteau ou capote, la batterie de leurs pistolet, mousqueton ou carabine.

Le devoir d'une vedette est de tout observer, de tout voir, afin d'être à même d'avertir promptement : de sa vigilance dépend le sort de la troupe dont elle est détachée. Si une vedette aperçoit des hommes armés venir à elle, ou quelque chose d'intéressant, elle avertira le brigadier, soit de la voix, soit par un signe convenu. S'il y a deux vedettes ensemble, l'une des deux se détachera pour prévenir le brigadier du petit poste ou du grand poste. Si une des vedettes déserte, l'autre tirera dessus, et avertira le brigadier; alors le commandant du poste changera la consigne, placera les vedettes à d'autres places, donnera un autre mot de ralliement, fera prévenir au cantonnement et aux postes qui sont près de lui. Les chevaux seront bridés pendant la nuit, et la moitié des hommes du poste continuellement à cheval. Les vedettes seront ambulantes et doublées.

Une vedette ne se laissera dépasser par aucune troupe sans que le brigadier l'ait reconnue. En conséquence, dès qu'elle pourra se faire entendre de la troupe qui vient de son côté, elle criera : *Halte là: qui vive?* Si on arrête, elle criera : *Brigadier, venez reconnaître;* dans le cas contraire, elle fera feu, et se repliera sur son poste.

Le trompette ou le tambour venant de l'ennemi sera arrêté. On lui fera faire face au côté opposé au poste, jusqu'à ce que le brigadier soit venu le recevoir et lui bander les yeux avant de le conduire au poste. Si le cas l'exige, il restera les yeux bandés en attendant la réponse, ou sera placé dans un endroit d'où il ne puisse rien voir sur la défense de la ligne. Il ne communiquera qu'avec des hommes dont la fidélité sera reconnue. Si après avoir remis ses dépêches il donnait ou laissait tomber des écrits ou proclamations venant de l'ennemi, le parlementaire serait désarmé, et conduit, sous bonne escorte, au quartier-général.

La personne d'un parlementaire est sacrée, lorsqu'il se conduit d'après les lois militaires. Tout en ne lui disant que ce qu'on veut qui soit su dans le camp ennemi, on doit lui faire des honnêtetés. Il faut bien faire attention que quelquefois, sous l'habit d'un trompette ou d'un tambour, on trouve un officier de génie ou un sous-officier intelligent. Si l'on pouvait découvrir cette supercherie, le commandant du poste en préviendrait le général. Un parlementaire qui serait surpris levant un plan, serait désarmé et conduit au quartier-général.

Pendant que durera la pose d'une vedette, elle ne pourra, sous aucun prétexte, descendre de cheval ni quitter ses armes. Quel que soit le mauvais temps, les vedettes ne pourront mettre de capuchon. Elles feront constamment face en dehors.

Pendant la nuit, elles s'occuperont particulièrement d'écouter. Une attention continuelle est le seul moyen de ne pas être surpris.

Il est défendu de lire, chanter, ni même parler à personne sans nécessité.

Les vedettes volantes pendant la nuit iront au pas : elles s'arrêteront souvent pour prêter l'oreille.

Aucune vedette, à moins d'y être forcée par l'ennemi, ne quittera son poste sans être relevée par le brigadier.

Les bourgeois et habitans du pays qui passeront près d'un poste, venant du côté de l'ennemi, seront arrêtés et gardés au poste, si le commandant le juge à propos pour la sûreté de son poste.

PATROUILLE A CHEVAL.

Le maréchal-des-logis ou le brigadier détaché pour aller en patrouille, marchera avec toute la circonspection possible. S'il aperçoit quelqu'un venant du côté de l'ennemi, ou des travailleurs dans la plaine, il les questionnera. Il aura soin de se rappeler de leur réponse, afin d'en rendre compte. Il fera fouiller, par une portion de sa troupe, les haies, bois, ravins, enfin tout ce qui lui paraîtra suspect.

La nuit, il marchera dans le plus grand silence, sur-tout aux croisés des chemins.

Pendant le jour, il montera sur les hauteurs pour découvrir le pays, examinera si les chemins sont battus. S'il voit venir de loin une troupe, il tâchera d'en juger la force ; il la fera reconnaître, et préviendra au poste de suite, ne perdant point la troupe de vue, sans engager de combat si la troupe ennemie est en force majeure.

Les mêmes hommes qui auront été en patrouille pendant le jour, et qui, par conséquent, auront reconnu le terrain qui environne le poste ; ces mêmes hommes, dis-je, iront de préférence en patrouille pendant la nuit.

Le départ des patrouilles ne sera jamais fixé par avance : il dépendra de la volonté du commandant du poste, des renseignemens qu'il aurait pris, ou enfin des instructions qu'il aurait reçues.

Pendant la nuit, les patrouilles éviteront de passer dans les chemins creux. Si une patrouille était obligée de passer de jour ou de nuit dans un village, elle n'y passera pas en totalité sans l'avoir fait fouiller. Le commandant de la patrouille enverra un homme intelligent, le pistolet à la main et armé ; cinquante pas après, deux autres hommes ; trente pas après, un brigadier avec deux hommes. On doit se méfier des détours de toutes les rues, des granges, et de tous les lieux qui peuvent cacher une embuscade. S'ils ne rencontrent pas l'ennemi dans le village, ils questionneront les habitans; ils s'informeront si on n'a pas connaissance où est l'ennemi. Le brigadier se fera accompagner par ces mêmes habitans pendant tout le temps qu'il fouillera le village, afin de vérifier s'ils ont dit la vérité.

Il faut toujours traiter les habitans avec égard. Le brigadier rentrera, rendra compte au commandant du poste, qui verra si celui-ci doit continuer sa marche.

Si une patrouille était surprise par une patrouille ennemie et forcée de la combattre, le commandant l'attaquera avec toute l'impétuosité possible, mais sans trop s'abandonner dans un pays coupé, crainte de rencontrer des forces supérieures. Pour revenir, il prendra des chemins de détour avant de rentrer au poste, s'il n'a pas d'ordres contraires. Pendant que les patrouilles et découvertes seront dehors, les postes avancés seront à cheval, et même une grande partie de la troupe : le reste sera prêt à prendre les armes.

Manière de Seller.

Le cavalier prendra la selle de la main gauche à l'arcade de l'arçon, soutenant la croupière de la même main. Les étriers doivent être relevés aux porte-étriers, les sangles sur la selle : de la main droite il prendra l'arçon de derrière ; il élevera la selle à la hauteur de sa poitrine. Il approchera du cheval du côté *montoir*, vis-à-vis l'épaule, pour lui mettre la selle sur le dos avec précaution : il aura attention qu'il n'y ait pas de contre-sanglon sous la selle ; ce qu'il préviendra en passant la main gauche sur le dos, le long et sous les panneaux.

Ensuite il se placera derrière le cheval pour prendre la queue : il relevera les crins autour du tronçon, le tenant de la main gauche ; de la main droite il prendra la croupière, et tirera la selle en arrière pour passer la queue dans le culeron : il aura soin de dégager tous les crins. Il passera sur le côté droit pour faire descendre les sangles sur leur plat, et s'assurer qu'il n'y a rien sur le dos du cheval qui puisse le blesser. Ensuite il reviendra sur le côté du montoir, soulevera la selle pour la porter à sa place, et commencera par passer les premières sangles dans l'œillet du poitrail et le serrera ; il en fera autant de la seconde sangle, et enfin du surfaix un peu plus fortement pour affermir les sangles. Il bouclera le poitrail pour que la selle soit à sa place, ni trop en avant, ni trop en arrière. Il doit y avoir quatre doigts entre les battes de l'arçon au défaut de l'épaule, afin que le mouvement des épaules ne soit pas gêné.

La selle étant trop en arrière, peut blesser le cheval sur le rognon. Elle ne doit pas porter sur le garrot: on doit pouvoir y passer la main. Le poitrail et les croupières ne doivent pas être trop tendus.

On devra apprendre aux cavaliers à plier la couverte. La grosse cavalerie et les dragons n'ayant que des demi-couvertes, il faut les plier en quatre. La cavalerie légère ayant des couvertes entières, les pliera en huit.

Pour Desseller.

Le cavalier doit commencer par relever les étriers en les mettant aux porte-étriers, déboucler le poitrail ainsi que le surfaix, ensuite la première sangle, qu'il dégagera de l'œillet du poitrail; après, la seconde sangle. Il poussera la selle en arrière, relevera la housse sur le troussequin, et dégagera la queue de la croupière. Il se placera vis-à-vis l'épaule gauche du cheval, prenant la selle de la même manière que pour la mettre sur le dos du cheval. Cela fait, il la soulevera en la tirant à soi, la soutenant sur son corps en passant le bras sous les panneaux; après, de la main droite il relevera les sangles.

On exposera les selles au soleil pour les faire sécher : on les battra et brossera. Les selles doivent être placées dans un endroit bien aéré, accrochées à une cheville par le porte-canon, les panneaux en dehors. Dans une écurie, elles tombent quelquefois sous les pieds des chevaux, ou le cuir devient humide et se moisit ; les boucles se rouillent.

Pour Brider.

Le cavalier doit se tenir du côté du montoir, tenir la bride sur le pli du bras gauche, déboucler le licol, dégager la tête du cheval de la muserole, et reboucler la sougorge sur l'encolure pour le contenir. Il prendra la têtière par le dessus de tête de la main droite, les ongles en dessous, en passant le bras par-dessus la tête du cheval ; et avec la main gauche il saisira le mors de la bride et celui du filet par-dessus la bossette ; avec le pouce, il appuiera et ouvrira la bouche du cheval, dans laquelle il placera le mors de la bride et celui du filet. Il fera passer le dessus de tête par-dessus les oreilles en commençant par l'oreille droite. Il bouclera la sougorge, dégagera les crins du toupet, et accrochera la gourmette.

Pour la mettre sur son plat, le cavalier examinera si le crochet et l'*S* tombent bien au bas du banquet par-derrière le mors ; après cela, il passera les doigts de la main gauche par-dessous l'œil du mors, et avec le premier doigt et le pouce de la même main il prendra le crochet. Il prendra avec la main droite la gourmette près l'œil du mors du côté droit, qu'il fera couler dans les doigts jusqu'au dernier maillon, observant qu'elle soit sur son plat et que les joints du bout des mailles se trouvent en dedans. Avec le pouce et le premier doigt de la même main, il la mettra au crochet à la deuxieme maille pardessus les deux côtés du filet.

Pour que le cheval soit bien bridé, il faut que la boucle du montant et celle de la sougorge du côté hors montoir soient à la même hauteur, et que celles du montant de la sougorge et du filet du côté du montoir forment une espèce de patte d'oie; que la sougorge ne soit pas serrée, pour ne pas gêner la respiration du cheval; que la muserole soit assez serrée pour que le cheval ne bâille pas; que les montans de la bride soient en arrière des os des tempes; que le mors du filet ne soit pas engagé sous celui de la bride; que les montans du filet soient cachés par ceux de la bride; que le mors soit placé dans la bouche du cheval de manière qu'il fasse son effet à un travers de doigt des crochets d'en-bas, et qu'il ne porte pas sur ceux d'en-haut; que la liberté de langue soit assez aisée pour que le cheval puisse facilement loger sa langue; que le haut de l'embouchure ne porte pas au palais du cheval; que le mors ne soit ni trop large ni trop étroit : dans le premier cas il ne ferait pas d'effet; dans le second il le blesserait et le gênerait; que la gourmette soit placée sur le creux du menton du cheval ; qu'elle ne soit ni trop longue ni trop courte : dans le premier cas elle laisserait faire la bascule au mors et empêcherait son effet ; dans le second cas elle assujettirait le cheval et le forcerait de se défendre.

Pour connaître si le cheval est bien bridé, il faut s'assurer que le mors ne fait pas la bascule, et que la gourmette n'est ni trop longue ni trop courte ; que les branches du mors, dans leur plus grand effet, ne se rapprochent pas du poitrail du cheval de plus d'un pouce de la ligne droite du mors. Cette leçon est très-essentielle à donner aux officiers.

Après en avoir raisonné aux théories, et avant de commencer les grandes manœuvres, je faisais emboucher tous les chevaux du régiment. Les compagnies se réunissaient les unes après les autres près de la boutique de l'éperonnier. Je faisais apporter sur une table une grande quantité de mors de rechange, de gourmettes, d'*S* et de crochets. Tous les mors des chevaux de cette compagnie étaient démontés et mêlés avec les mors du magasin. L'artiste vétérinaire faisait, en présence des officiers, sous-officiers et brigadiers de cette compagnie, la démonstration de l'intérieur de la bouche du cheval ; la longueur et grosseur des barres du cheval. Un maréchal-des-logis ou brigadier s'approchait pour faire l'ins-

pection de la bouche de ce cheval. Je faisais répéter cette leçon à plusieurs : j'en désignais un pour choisir le mors qu'il croyait convenir à la bouche du cheval : je faisais des observations : l'artiste et l'éperonnier aidaient les sous-officiers dans leurs réponses. Le même homme plaçait une nouvelle gourmette en se servant du marteau et des pinces. Enfin on montait le même mors sur la têtière du cheval, après avoir vérifié moi-même si le mors pouvait convenir à la bouche de ce cheval. Un de mes instructeurs montait ce même cheval. A cinquante pas, je faisais élever une barrière à deux pieds et demi ou trois pieds de terre. Cette barrière était tenue des bouts par deux sous-officiers. Je me plaçais de l'autre côté, à quinze ou vingt pas. Le cavalier venait sur moi au grand trot et sautait la barrière. Immédiatement après je commandais *halte :* il fallait que le mors obligeât d'arrêter court. Tous les chevaux de la compagnie étaient embouchés de cette manière. Les compagnies étaient fortes. La première fois que j'ai donné cette leçon de théorie pratique, j'ai resté huit heures par compagnie. Cette leçon fit tant de plaisir aux officiers et sous-officiers, que trois mois après plus de la moitié étaient dans le cas de bien emboucher le premier cheval venu. Dans la seconde leçon, je me suis attaché à faire raisonner sur l'âge des chevaux et sur les progrès de la dentition. Après
cela,

cela, je prenais une autre partie du cheval; je faisais examiner les extrémités, les beautés et les défauts de sa conformation. Je complimentais ceux qui faisaient des progrès, et notais ceux qui n'apprenaient rien. Au bout de deux ans d'un travail pénible, mais fait avec persévérance, les sous-officiers étaient à même de commander, non pas des pelotons, mais des escadrons, et il m'arrivait souvent de leur en faire commander. L'artiste vétérinaire faisait la théorie de la ferrure. On apportait, pour cette leçon, une des extrémités du dernier cheval mort à l'infirmerie. L'instruction d'un régiment n'est rien lorsqu'on veut se donner la peine d'instruire sur de bons principes : il ne faut que le vouloir, et travailler.

Pour Débrider.

Le cavalier doit commencer par décrocher la gourmette, déboucler la muserole, puis la sous-gorge, ensuite avancer les rênes de la bride et du filet sur la tête, et les passer par-dessus les oreilles. Pour ôter la bride du cheval, il la passera dans le bras gauche, pour avoir la facilité de mettre le licol à son cheval, qu'il doit tenir tout prêt avant de débrider. Il placera ensuite les rênes du filet sous le dessus de tête, les rênes de la bride par-dessus. Il fera un tour au-dessous du frontal avec l'extrémité des rênes, qu'il placera entre le fron-

D

tal et le dessus de tête, afin de pouvoir suspendre la bride.

ARTICLE VIII.

Plier le Manteau a manches,
Autrement dit le manteau-capote.

Le manteau sera étendu en-dehors, les manches le long des grands côtés; replier chaque grand côté sur le milieu, de manière que les pointes se touchent, que le manteau offre un carré long de trois pieds et demi de largeur; commencer par rouler le collet en serrant très-fort jusqu'au bas; former une espèce de boudin de 10 pouces de diamètre, le placer en avant des fontes, l'assujettir avec les trois courroies. Dans aucun cas le manteau ne doit dépasser le bout des fontes.

Placer les Effets dans le Porte-Manteau.

Les deux chemises seront déployées et mises en long dans le porte-manteau; ensuite le pantalon blanc retourné et placé par-dessus; le bonnet de nuit d'un côté et la trousse de l'autre; les mouchoirs, les cravates et la brosse à habits au milieu. La veste d'écurie, le pantalon de treillis et le sac à distribution enveloppant le mors et les rênes du licol-bridon d'abreuvoir, ainsi que le bonnet de police, seront placés entre le porte-manteau et son couvercle. Dans le couvercle seront placés les effets de petit équipement. Il faut faire attention que le porte-manteau ne soit pas plus lourd d'un bout que de l'autre. Avant de le placer sur le cheval, le cavalier le prendra par une main de chaque bout, et l'appuiera fortement sur sa cuisse, afin de lui faire prendre une courbure au milieu et en-dessous, et que lorsqu'il sera placé sur le coussinet, il porte par-tout.

Le cavalier étendra les courroies de charge sur le coussinet. Il posera ensuite le porte-manteau au milieu, l'ouverture faisant face en-dehors. Il commencera par l'assujettir en serrant fortement la courroie du milieu; il serrera ensuite la droite et la gauche. Il aura soin que le porte-manteau ne fasse pas de plis et qu'il soit bien à plat. Les boucles doivent être sur la même ligne. Il doit y avoir sept pouces pris intérieurement, entre les courroies de côté, ou neuf pouces en mesurant extérieurement des courroies de côté.

Le licol sera placé étant entortillé avec une partie de sa longe, fixé sous la housse du côté du montoir, par le moyen du reste de la longe qu'on passera dans la courroie de charge.

La corde à fourrage sera placée de l'autre côté.

ARTICLE IX.

De la Bride.

Ses pièces sont :

Le dessus de tête,
Le frontal et ses lacets,
Les montans,
Le porte-mors,
La sougorge,
La muserole,
Les rênes,
Les porte-rênes,
Les boutons,
Les rênes du filet,
Les mouvemens du filet.

Le dessus de tête sert à attacher les montans et la sougorge.

La sougorge sert à empêcher le cheval de se débrider. Le frontal doit empêcher le dessus de tête d'aller trop en arrière, et les lacets servent à le fixer au dessus de tête. Les montans servent à porter le mors; les porte-mors à baisser ou à hausser le mors. La muserole sert à contenir les montans et à empêcher le cheval de bâiller. Les rênes servent à conduire le cheval et à lui faire sentir les volontés du cavalier. Les porte-rênes servent à fixer les rênes aux anneaux des porte-rênes. Les boutons de rênes sont au nombre de deux, dont un coulant : le premier sert à réunir le bout des rênes ; le second, à les égaliser et à les contenir sur l'encolure. Le filet sert à rafraîchir les barres du cheval, en en sentant l'effet avec la main droite, et abandonnant les rênes de la bride : il peut servir aussi dans le cas où les rênes de la bride casseraient ou seraient coupées à la guerre.

Les montans du filet servent à hausser et à baisser le mors du filet.

Du Mors.

L'embouchure ou canon,
Les branches,
Les fonceaux,
Les tourets,
Les anneaux,
La chaînette,
La gourmette,
L'*S*,
Le crochet,
Les bossettes.

L'embouchure ou les canons agissent sur les barres. L'embouchure se divise en trois parties ; savoir, le gros du canon, l'embouchure et la liberté de langue. Le gros du canon agit sur les barres et assujettit le cheval à l'obéissance par le secours de la gourmette. Le haut de l'embouchure forme la liberté de langue, où se place la langue du cheval. Les branches servent à faire faire l'effet à l'embouchure et à la gourmette. Elles se divisent en œil de la branche, banquet, arc de banquet, broches de banquet, gargouille. L'œil de la branche sert à passer le porte-mors. Le banquet et la broche de banquet servent à placer l'embouchure. L'œil du banquet sert à renforcer la branche; la gargouille, à placer les tourets de chaînette et de porte-rênes. Les fonceaux servent à fixer l'embouchure aux branches; les tourets, à fixer les anneaux. Les anneaux de chaînette servent à fixer la chaînette; les anneaux de rênes, à fixer les rênes au mors. La chaînette sert d'ornement. La gourmette, par le secours de l'embouchure, sert à assujettir le cheval à l'obéissance : elle forme le point d'appui du levier dont les branches font l'effet. Elle se divise en mailles et maillons. Les mailles font effet sur la barbe du cheval. Les maillons servent à fixer la gourmette à l'*S* et au crochet. L'*S* sert à fixer la gourmette au mors; le crochet, à accrocher la gourmette; les bossettes, à cacher les fonceaux, et d'ornement. On les divise en œil et clous. Les clous servent à fixer les bossettes au mors.

De la Selle.

Les parties de la selle sont :
Le siége,
Le jonc du siége,
Les quartiers,
Les blanchets,
Les battes,
La bordure des battes,
Le troussequin,
Les galbes,
Le poitrail,
La croupière,
Les contre-sanglons,
Les sangles,
Les porte-étriers,
La housse,
Les contre-sanglons de housse,
Les étrivières,
Les étriers,
Les panneaux,
Les fontes,
Les ronds de fontes,
Les courroies de fontes,
Le chapelet,
Les courroies de charge,
Le porte-fer,
Le coussinet.

Le siége sert à asseoir le cavalier. Le jonc du siége sert à réunir le siége aux quartiers et à couvrir les coutures. Les quartiers sont deux pièces de cuir fort qui entourent les deux côtés de la selle : leur usage est de couvrir les boucles des sangles, et d'empêcher que les cuisses du cavalier ne soient écorchées par les boucles, ardillons et contre-sanglons. Les blanchets servent à renforcer les quartiers; les battes, à contenir les cuisses du cavalier. Le troussequin sert à empêcher le cavalier d'aller trop en arrière, et à le garantir de la charge. Les bordures du troussequin servent à couvrir les coutures ; les galbes, à réunir les quartiers. Le poitrail sert à empêcher la selle d'aller trop en arrière. Il se divise en montans, traverse et œillet. Les montans servent à hausser et baisser le poitrail; l'œillet, à fixer la traverse, en l'engageant dans la première sangle. La croupière sert à empêcher la selle d'aller trop en avant. Elle se divise en longe et fourche de culeron. La longe et la fourchette servent à attacher le culeron. Le culeron sert à fixer la croupière à la queue du cheval : il doit être rembourré pour ne pas l'écorcher. Les contre-sanglons de sangles servent, avec les sanglons, à affermir la selle sur le dos du cheval. Les contre-sanglons de housse servent à attacher la housse à la selle. Les sangles se divisent en sangle, surfaix, passans, boucles enchâpées et traverse.

Les porte-étriers servent à relever les étriers. La housse sert à garantir les basques de l'habit du cavalier de la sueur du cheval, ainsi que d'ornement en couvrant ses hanches. Les étrivières servent à porter les étriers. Ces derniers servent à monter à cheval. Ils se divisent en branches, grille et œil de branches. Les branches servent à contenir la grille; la grille sert à soutenir le pied; l'œil, à passer l'étrivière. Les panneaux servent à empêcher que le cheval ne soit blessé par l'arçon. Ils se divisent en pointes, mamelles, longes, rognons, ports et chaussure. Les fontes servent à mettre les pistolets; les ronds de fontes, à fixer l'extrémité des fontes au poitrail. Le chapelet sert à réunir les fontes à la selle au moyen d'une courroie de chapelet. Les courroies de charge servent à fixer le porte-manteau, et elles sont au nombre de trois.

Il y a aussi trois courroies pour attacher le manteau sur le devant de la selle.

Les porte-fers servent à mettre les fers et clous de rechange.

Le coussinet sert à empêcher que le cheval ne soit blessé par le poids de la charge.

Harnachement des Chevaux de Chasseurs et de Hussards.

Le harnachement est composé d'une selle en bois, d'une couverture, d'un surfaix, d'une schabraque en peau de mouton ; d'une bride complète, d'un licol-bridon d'abreuvoir.

Les pièces qui composent la charpente de la selle sont au nombre de huit. Elles doivent être en bois de hêtre bien sec ; savoir, l'arcade de devant, surmontée de sa palette, composée d'une fourche d'un seul morceau formant le devant de l'arçon, qu'on nomme liberté de garrot.

Les bandes servent à réunir les arcades et à donner la forme à la selle.

L'arcade de derrière, surmontée de sa palette, également composée d'une seule fourche, formant le derrière de l'arçon, que l'on nomme liberté de rognon.

La ferrure de l'arçon se compose de deux demi-cercles en forme de fer à cheval.

Le siége se compose d'une bande de cuir blanc et fort nommée le loup. Les fontes sont en bois recouvert en cuir noir. Elles sont assujetties à la palette de devant au moyen d'une courroie en cuir blanc nommée collier de fontes. Elles sont fixées à la palette de devant et aux travers du poitrail avec trois lanières pour attacher le manteau. Les lanières sont en cuir blanc de Hongrie, et ont chacune quatre pieds de longueur et quatre lignes de largeur.

Il est fixé à la partie supérieure de la palette de derrière, dans une mortaise pratiquée pour cet usage, une courroie de charge dite du milieu : deux autres courroies de charge sont placées dans les lanières qui tiennent l'enchâpure des boucles de croupière. Ces courroies sont en cuir noir et ont trois pieds de longueur et neuf lignes de largeur. Le poitrail est en cuir noir et lissé. Il se divise en grand et petit montant, et en fausse martingale. Le grand montant a cinq pieds deux pouces de longueur et onze lignes de largeur ; le petit montant a un pied trois pouces de longueur et onze lignes de largeur : la fausse martingale a trois pieds de longueur et un pouce trois lignes de largeur. La couture qui réunit la fausse martingale aux deux montans, est recouverte par deux cœurs en cuir. (Sur l'un d'eux est un cœur en cuivre pour les régimens qui ont des boutons jaunes, et en fer étamé pour les corps qui ont des boutons blancs, destiné à porter le numéro du régiment.) Il y a une dragonne en cuir jaune placée dans le lacet double qui a déjà reçu la lanière pour attacher le manteau et celle du pistolet. Cette dragonne a trois pieds de longueur et dix lignes de largeur. Elle sert à contenir le mousqueton perpendiculairement dans sa botte, et à accrocher la selle lorsqu'elle n'est pas sur le cheval.

La croupière est divisée en fourche supérieure, fourche inférieure et culeron.

La sangle est en cuir blanc dit de Hongrie. Elle a quatre pieds de longueur et deux pouces neuf lignes de largeur. Le contre-sanglon a la même largeur que la sangle, et a un pied trois pouces de longueur : on le nomme le blanchet.

Les étrivières, en cuir fort de Hongrie blanc, ont quatre pieds six pouces de longueur et un pouce deux lignes de largeur. Les étriers sont comme ceux de la grosse cavalerie.

Le porte-canon et les courroies, comme la grosse cavalerie.

Le porte-fer est adapté aux bandes par le moyen de deux lanières. Ce porte-fer doit être en cuir noir de vache.

La bride se divise en dessus de tête, frontal, sougorge, montans, rênes et fouet.

Le filet, comme celui de la grosse cavalerie.

Le mors, comme celui de la grosse cavalerie.

Le licol-bridon, comme la grosse cavalerie.

La couverture est en laine blanche : elle a sept pieds six pouces de longueur, et six pieds six pouces de largeur. Elle doit peser environ huit livres.

Des Pièces du Mousqueton et de la Carabine.

Le bois, le canon, les capucines, la baguette, la détente, la sougarde, la plaque de crosse, où se couchent sa culasse et sa vis.

Le bois sert à recevoir les pièces qui composent le mousquet ou la carabine. La crosse se divise en crosse et couche. La crosse sert à appuyer l'arme contre l'épaule. La couche sert à appuyer le joue dessus. La coulisse du canon sert à loger le canon ; celle de la baguette, à loger la baguette. Le canon sert à recevoir la charge. Il se divise en calibre, guidon, dessus de canon, derrière ou tonnerre, lumière. Le guidon sert à viser. La lumière sert à faire communiquer la poudre du bassinet avec la charge qui est dans le canon.

La capucine sert à contenir le canon et la baguette avec le bois. La baguette sert à bourrer. La détente, en la tirant avec le doigt, fait lâcher la gâchette et partir le chien. La sougarde se divise en trois parties, le devant, le derrière, et le pontet, qui garantit la détente des accidens.

Pièces qui composent la Platine du Mousqueton.

Le corps de la platine ou plaque, vue par dehors; la platine vue par dedans; le bassinet, la vis de bassinet, le ressort de batterie, la batterie, la vis du ressort de batterie, le grand ressort, la vis du grand ressort, la noix, la vis ou le clou du chien, la noix vue du côté opposé, le chien, la mâchoire supérieure, la vis de mâchoire du chien, la gâchette, la vis de gâchette, le ressort de gâchette, sa vis, la pierre, l'enveloppe de la pierre en plomb, la grande vis du milieu, la grande vis de devant.

Le bassinet sert à recevoir l'amorce; la vis de bassinet sert à l'arrêter à sa place. Le ressort de batterie sert à faire jouer la batterie, à la tenir ouverte ou fermée. La batterie sert à couvrir l'amorce, et à tirer du feu de la pierre par le contact du mouvement du chien. Elle se divise en quatre parties; savoir, la face, le dos, le dessous et le trou de sa vis. Le grand ressort sert à faire mouvoir le chien et à le faire partir. La noix, pièce intérieure, est posée sur le corps de la platine. Elle se divise en petit pivot, qui entre dans la bride, en griffe, qui reçoit celle du grand ressort au cran de repos et au cran armé. La noix, vue du côté opposé, est composée du grand pivot, au bout duquel est un carré, et du trou de la vis ou clou du chien. Le chien sert à porter la pierre sur la batterie. Il est composé; savoir, du trou carré qui reçoit le pivot de la noix, le tour, le ventre, la gorge d'en-bas, la gorge d'en-haut, le dos, la mâchoire inférieure, la crête, qui sert à contenir la mâchoire supérieure et l'empêche de tourner. La gâchette sert à arrêter le chien dans son repos et à l'armer. La vis de la gâchette sert à l'arrêter. Le ressort de gâchette sert à appuyer la gâchette sur la noix, et à faire partir le chien. La pierre sert à faire du feu. L'enveloppe de plomb sert à empêcher la pierre de glisser et de se casser par la pression des mâchoires.

Pièces du Pistolet.

Les pièces qui composent le pistolet, non compris la platine, sont le bois, le canon, les capucines (aux pistolets dits *à la Mandrin*, il n'y a qu'une capucine), la baguette, la détente, la sougarde, la calotte, la culasse et sa vis. Toutes ces pièces sont les mêmes que pour le mousqueton, excepté la calotte, qui sert d'ornement et conserve le bois du pistolet.

Les sabres pour toute la cavalerie doivent être pourvus de fourreaux en fer. Cette partie n'a pas besoin d'être détaillée.

ARTICLE X.

Observations générales.

Avant de parler des principes généraux, on ne saurait trop répéter à MM. les officiers, sous-officiers, brigadiers et cavaliers, qu'il est impossible de bien manœuvrer s'il n'y a pas de silence dans les rangs, et si le cavalier ne reste pas immobile après le commandement de *Garde à vous*, qui doit toujours précéder celui d'exécution ; que dans les manœuvres MM. les officiers ne doivent plus se mêler du détail dans les rangs, à moins d'ordres contraires. Toute faute doit être réparée par les soins et la vigilance des serre-files, à voix basse, et avec sang-froid. On doit noter celui qui fait la faute, et le punir après la manœuvre, s'il le mérite.

On ne manœuvre jamais bien si les cavaliers n'ont pas leurs chevaux rassemblés, les rênes courtes, les jambes près, et sur-tout les doigts de la main qui tient la bride bien fermés. La manœuvre n'est jamais correcte, si, au commandement de *Marche*, les escadrons ne se mettent pas en mouvement ensemble, et s'ils n'arrêtent pas court à celui de *Halte*. Les manœuvres ne sont jamais faites avec précision, si les sous-officiers et brigadiers des ailes des pelotons, divisions et escadrons, ne connaissent pas parfaitement les deux espèces de conversion; si les ailes marchantes ne déboîtent pas ensemble et ne se règlent pas, dans les à-droite, les à-gauche, demi-tour à droite, demi-tour à gauche, sur les pelotons, divisions et escadrons de la tête; si l'emboîtement ne se fait pas ensemble, et s'ils n'arrivent pas en même temps en bataille.

Les serre-files doivent avoir la plus grande attention et recommander aux hommes du second rang de redresser et faire rentrer les hanches de leurs chevaux, pour faciliter l'emboîtement des pelotons dans l'escadron.

L'alignement n'est jamais bon, si les chevaux,
ne

ne sont pas droits dans les rangs. Si le cavalier, pour s'aligner, tourne la tête du côté de l'alignement, ou s'aligne en portant l'épaule du côté de l'alignement en avant, il s'ensuit deux défauts contraires. En tournant trop la tête à droite pour s'aligner, l'épaule du même côté sort en arrière de l'alignement, tout le corps suit le mouvement de l'épaule, la main de la bride se trouve à droite, le cheval a les épaules à droite. En s'alignant ce qu'on appelle de l'épaule, si c'est à droite, l'épaule gauche refuse ; la main de la bride suit ce mouvement ; le cheval a les épaules à gauche. Pour bien s'aligner correctement et lestement, il faut d'abord que MM. les officiers soient alignés entre eux et placés à un pas en avant de la troupe ; qu'une fois en bataille, ils ne se mêlent plus de l'alignement général, mais bien de leur personne ; que les files d'encadrement s'alignent sur l'ensemble de la ligne de bataille, sans avoir égard à l'alignement partiel des cavaliers ; que les commandans aient l'attention d'arrêter leur troupe avant d'arriver à la ligne, afin de n'être jamais obligés de reculer pour s'aligner. Il faut s'aligner du coin de l'œil, ne tourner qu'un peu la tête, fixer les yeux sur la ligne des yeux, de manière à apercevoir la poitrine du second homme du côté de l'alignement ; avoir le corps droit, les épaules bien effacées ; sentir légèrement de la botte la botte de son voisin du côté de l'alignement ; tenir les chevaux droits dans les rangs, afin qu'ils aient tous une direction parallèle.

Dans tous ces mouvemens le coude gauche ne doit pas bouger; la main de la bride doit être fixe ; les mouvemens pour faire exécuter au cheval les volontés du cavalier, doivent se faire du poignet et du talon de la main de la bride.

Dans les manœuvres, il faut que les commandemens préparatoires et ceux d'exécution soient répétés sur toute la ligne ensemble, et sur-tout celui de *Marche*, à moins qu'il n'y ait des mouvemens successifs.

Les commandans de régimens et d'escadrons doivent se tenir assez éloignés de la troupe pour se faire entendre de la droite à la gauche. Ils doivent avoir attention de se placer au vent, pour que leur voix s'étende du côté de la troupe. Dans la charge ou la marche en bataille, les officiers doivent se tenir au centre de leur peloton et bien alignés entre eux. Le premier rang doit être à un pas des officiers. En cas de besoin, regagner insensiblement le terrain qu'on aurait perdu, et toujours en avançant.

Si les commandans de peloton ou d'escadron parlent ou s'occupent trop de détail, ils n'entendent plus les commandans généraux : alors il n'y a plus d'ensemble dans les manœuvres ; les mouvemens se font successivement.

ARTICLE XI.

Principes généraux.

Une troupe est composée de rangs et de files. Les rangs se composent de cavaliers les uns à côté des autres. Les files se composent de cavaliers les uns derrière les autres.

Chef de file. Tous les hommes du premier rang sont les chefs de file des hommes du second rang.

Front est le devant d'une troupe d'une aile à l'autre, étant en bataille.

Aile est l'extrémité de droite ou de gauche d'une troupe en bataille ou en colonne.

Centre est le milieu d'une troupe.

Profondeur ou *hauteur* exprime la quantité de rangs dont une troupe est composée.

Un cheval occupe en épaisseur le tiers de sa longueur, ou un pas de trois pieds, c'est-à-dire un mètre environ. Cependant le front d'un péloton de douze files n'occupe réellement que neuf à dix pas de trois pieds; les deux rangs six pas, et deux pieds de distance du second au premier, espace nécessaire pour empêcher que les chevaux du second rang ne donnent des atteintes à ceux du premier rang : la profondeur des deux rangs est donc de six pas et deux tiers.

Cette distance ou intervalle peut varier en raison de l'espèce des chevaux.

Afin de donner des notions sur l'étendue du front d'un escadron composé de quarante-huit files, plus les deux sous-officiers des ailes, le calcul doit se faire ainsi :

L'escadron de la grosse cavalerie est à-peu-près de 37 à 38 pas, ou 37 à 38 mètres; l'escadron de dragons, un pas de moins; celui des chasseurs et des hussards également un pas de moins que ce dernier, c'est-à-dire 35 à 36 pas. Il est bon de faire mesurer le front de l'escadron, afin d'avoir une donnée certaine.

La *marche directe*, ou marche en bataille, sert à une troupe pour se porter en ligne.

Marche oblique. C'est celle dont on se sert pour faire gagner du terrain à une troupe vers un de ses flancs sans changer de front. On en distingue deux : la marche oblique individuelle et la marche oblique par troupe.

Marche circulaire ou *de conversion* exprime un arc de cercle décrit en même temps par tous les cavaliers composant une troupe, c'est-à-dire par peloton, division ou escadron, et jamais par plusieurs escadrons.

Pivot est l'homme du premier rang de l'une des ailes d'une troupe dont l'autre aile marche. Il forme le centre de la conversion. Il y a deux pivots: le pivot fixe et le pivot mouvant. Le pivot est fixe toutes les fois qu'il tourne sur lui ; il est mouvant quand, dans une conversion, il décrit un arc de cercle plus ou moins grand.

Déboîtement exprime le commencement d'une conversion exécutée par les fractions d'un escadron, dont les ailes se séparent du pivot qui les avoisine.

Emboîtement exprime la fin d'une conversion exécutée par les fractions d'un escadron pour se remettre en bataille, au moment où chaque fraction se réunit pour entrer dans le cadre.

Déploiement par files. Ce mouvement s'exécute par les deux rangs. Les cavaliers de l'une ou de l'autre aile font successivement un à-droite ou un à-gauche pour se porter ensuite en colonne sur le point déterminé et se former de nouveau en bataille par le mouvement contraire à mesure qu'ils arrivent.

Alignement s'entend des cavaliers placés les uns à côté des autres, ayant une direction parallèle entre eux sur une même ligne, sans que l'un dépasse l'autre ou soit en arrière.

Il y a deux sortes d'alignemens ; l'alignement individuel et celui d'une troupe sur une autre. Toute troupe devant s'aligner sur une autre, s'arrêtera à la hauteur des serre-files de la troupe déjà formée, parallèlement à la ligne de formation, pour se porter ensuite sur l'alignement de la troupe déjà formée.

Le commandant de régiment ou d'escadron qui entrera le premier sur une ligne, se portera, pour aligner sa troupe, du côté de l'alignement. Ceux des autres régimens ou des autres escadrons qui arriveront après, se porteront, pour aligner leur troupe sur celle déjà formée, du côté opposé à l'alignement.

Un régiment en bataille est composé de ses escadrons disposés de front sur une même ligne, gardant entre chaque escadron un intervalle de dix pas comptés de la botte des maréchaux-des-logis placés aux ailes des escadrons. Un régiment en colonne à distance est formé de ses escadrons marchant par pelotons ou divisions les uns derrière les autres, en conservant la distance nécessaire au front de la troupe : cette distance se compte à partir du genou de l'homme du premier rang qui est guide, au genou de l'homme du premier rang du peloton qui succède. Le peloton de la tête d'un escadron qui succède à un autre escadron en colonne, doit garder dix pas de plus que sa distance, pour l'intervalle qu'il doit y avoir d'un escadron à un autre en bataille. En brigade, celui de la tête du second régiment doit conserver quinze pas de plus que sa distance, parce qu'il y a quinze pas d'un régiment à un autre en bataille.

Un régiment en colonne serrée est formé de

ses escadrons les uns derrière les autres, avec la distance de dix pas d'un escadron à un autre.

Le régiment en ordre inverse a ses premiers escadrons à la gauche et ses derniers à la droite.

L'intervalle est l'espace vide qui se trouve entre les escadrons du régiment en bataille; il est de dix pas, et de quinze pas d'un régiment à un autre. L'intervalle sera compté du genou du maréchal-des-logis de l'aile de la troupe qui est à côté et sur la même ligne.

On appelle intervalle tant plein que vide, lorsque les escadrons conservent entre eux des intervalles égaux à leur front; mais on ne manœuvre jamais avec de pareils intervalles, excepté la manœuvre de *en retraite par échiquier*, où les divisions ou escadrons impairs se portent en avant pour former la première ligne. Pendant toute la manœuvre, les divisions ou escadrons doivent conserver des intervalles tant pleins que vides.

Distance signifie l'espace vide d'une troupe à une autre en colonne.

La distance entre les rangs ouverts à cheval sera de six pas comptés de la croupe des chevaux du premier rang à la tête des chevaux du second rang. A pied, elle sera de quatre pas.

Lorsque les rangs seront serrés à cheval, la distance sera de deux tiers d'un pas ou deux pieds, comptés de la croupe des chevaux du premier rang à la tête des chevaux du second rang. A pied, elle est d'un pied.

Point fixe ou *point de direction*, sert à indiquer l'objet vers lequel on veut faire marcher une troupe en bataille ou en colonne, et à établir la droite ou la gauche d'une ligne.

Points intermédiaires, servent à conserver la troupe marchante dans une direction donnée, et à s'assurer de la rectitude de la formation des lignes.

Les guides principaux. Ce sont les sous-officiers servant à tracer une ligne. Il y aura pour chaque escadron un guide principal; il sera pris parmi les sous-officiers, au choix du colonel. Il y aura de plus un cinquième guide principal, pris également parmi les sous-officiers, pour suivre l'adjudant-major qui sera chargé de tracer les lignes.

Un adjudant sera aussi désigné pour marquer le point où la droite ou la gauche du régiment devra arriver.

Les guides principaux marcheront à la hauteur des premières divisions de chaque escadron, si on est en colonne. En ligne, ils seront placés derrière la gauche de leur escadron, sur l'alignement des serre-files.

Guides particuliers. Ce sont les sous-officiers de droite et de gauche des escadrons qui se portent sur la ligne du côté de la formation, à mesure que leur escadron y arrive, pour en marquer l'encadrement.

Au commandement d'avertissement, les guides particuliers aux ailes des escadrons du côté de la formation viendront successivement appuyer à la botte des guides principaux déjà placés.

Guide de colonne est l'homme du premier rang des ailes d'une troupe qui observe de se tenir dans la direction. Il est également chargé de conserver les distances. Le guide doit toujours être à gauche lorsque la droite est en tête, et à droite lorsque la gauche est en tête. Un peloton, une division ou un escadron en bataille, marchant seul, a toujours le guide à droite, à moins que le commandant ne le mette à gauche pour l'instruction de sa troupe.

Dans une colonne composée de cavalerie et d'infanterie, les guides des divisions de cavalerie seront dirigés sur la seconde file de celles de l'infanterie du côté du guide ; et en ligne, les commandans d'escadron s'aligneront sur le troisième rang de l'infanterie. Les officiers supérieurs s'aligneront sur ceux de l'infanterie, lorsqu'ils seront de pied ferme : en marche, ils s'aligneront sur les drapeaux.

On distingue trois allures : le pas, le trot et le galop.

A pied, on en distingue deux : le pas ordinaire et le pas accéléré. Pour la cavalerie, le pas est de trois pieds.

Il est difficile de donner des notions certaines sur l'étendue de terrain qu'un cheval peut parcourir aux différentes allures, parce qu'elles sont variées en raison de sa conformation, et qu'elles sont alors plus ou moins allongées; mais on peut calculer généralement qu'un cheval parcourt à chaque pas deux pieds huit pouces, à chaque temps de trot trois pieds huit pouces, et à chaque temps de galop environ dix pieds; d'où il résulte, d'après les différentes allures, qu'un cheval doit parcourir au pas, dans une minute, cinquante toises, cent vingt toises au trot, et au galop cent cinquante toises.

On distingue trois sortes de commandemens: celui d'avertissement, qui est: *Garde à vous;* le commandement préparatoire, qui indique le mouvement qui va se faire; celui d'exécution est exprimé par *marche* ou *halte*.

Le commandement de *garde à vous* doit toujours précéder celui de chaque manœuvre: il servira de signal pour rassembler les chevaux, se placer à cheval, prendre l'immobilité et prêter attention. On ne se mettra en mouvement qu'après le commandement de *marche*, et on ne s'arrêtera qu'à celui de *halte*, s'alignant de suite à droite ou à gauche d'après le commandement.

Les différens commandemens doivent être répétés de suite par les chefs d'escadron, sur-tout le commandement de *marche* et de *halte*.

Si on n'indique pas l'allure, étant de pied ferme, le mouvement se fera au pas.

FIN.

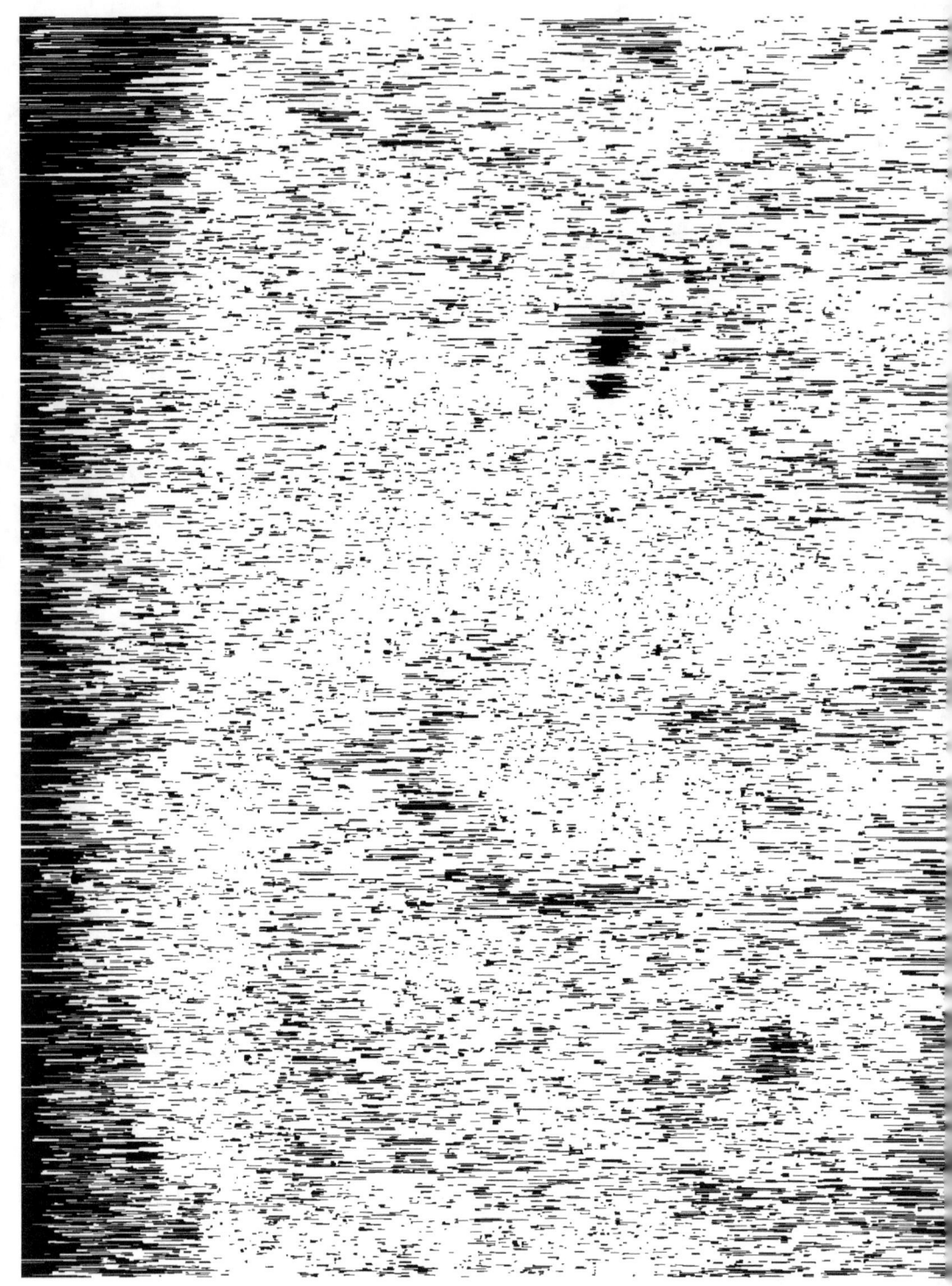

www.ingramcontent.com/pod-product-compliance
Lightning Source LLC
LaVergne TN
LVHW050605090426
835512LV00008B/1354